Günter Schenk

# CITY|TRIP
# WIESBADEN

## Nicht verpassen!    Karte S. 3

**1 Schlossplatz mit Marktbrunnen [D3]**
Um Wiesbadens Herz reihen sich bemerkenswerte Bauten: das Alte und das Neue Rathaus, der Marktbrunnen und das ehemalige Stadtschloss, in dem der Hessische Landtag zu Hause ist (s. S. 50).

**10 Kranzplatz und Kochbrunnen [D1]**
Heiße Quellen inmitten der Stadt: Am Kochbrunnen kann man das heilende Wasser der Thermen probieren (s. S. 63).

**11 Kurhaus mit Spielbank [F2]**
Das Kurhaus gehört zu den Wahrzeichen der Stadt. Der mächtige Bau ist Veranstaltungsort und Sitz der Spielbank (s. S. 66).

**12 Hessisches Staatstheater [E2]**
Ein Musentempel wie zu Kaisers Zeiten mit gleich mehreren Spielstätten. Programmhöhepunkt sind die jährlichen Maifestspiele (s. S. 70).

**15 Wilhelmstraße [E3]**
„Rue" nennen sie die Einheimischen: Wiesbadens Prachtboulevard wird von exklusiven Geschäften, prunkvollen Villen und Lokalen gesäumt (s. S. 75).

**18 Nerobergbahn [dh]**
Mehr als ein Jahrhundert ist die Drahtseilbahn auf Wiesbadens Hausberg alt. Ein technisches Kulturdenkmal, das mit Wasserkraft betrieben wird (s. S. 80).

**20 Russisch-Orthodoxe Kirche [dg]**
Ihre vergoldeten Zwiebeltürme sind eines der Wahrzeichen der Stadt. Das Gotteshaus auf dem Neroberg ist die Grabkapelle einer im Kindbett verstorbenen russischen Großfürstin (s. S. 83).

**21 Museum Wiesbaden [E5]**
Alte und moderne Kunst neben naturwissenschaftlichen Sammlungen – das größte Museum der Stadt präsentiert sich nach gründlicher Renovierung in neuem Glanz (s. S. 86).

**29 Biebricher Schloss [dk]**
Barocke Pracht am Rhein: Im Biebricher Schloss residierten einst die Landesfürsten. Heute lädt der Schlosspark zum Bummel ein (s. S. 98)!

**38 Mainz [Umgebung]**
Auf der anderen Rheinseite lockt die rheinland-pfälzische Landeshauptstadt mit Dom, Gutenbergmuseum und Chagall-Fenstern – alles in Stadtbusnähe (s. S. 108)!

### Leichte Orientierung mit dem cleveren Nummernsystem
Die Sehenswürdigkeiten der Stadt sind zum schnellen Auffinden mit **fortlaufenden Nummern** versehen. Diese verweisen auf die ausführliche Beschreibung **im Kapitel** „Wiesbaden entdecken" und zeigen auch die genaue Lage **im Stadtplan**.

# HERZLICH WILLKOMMEN!

**Ob Neroberg, Kurhaus oder Rheinufer: ESWE Verkehr bringt Sie zu den schönsten Sehenswürdigkeiten und Ausflugszielen in Wiesbaden und Umland.**

*„Ei gude, wie?"*
(Hessische Mundart: Guten Tag, wie geht's?)

**Damit Sie Hessens Landeshauptstadt Wiesbaden entspannt erkunden können und dabei sorgenfrei mobil sind, empfehlen wir Ihnen unsere individuellen Tickets.**

- **Sie sind allein unterwegs?** Unsere Tageskarte für Wiesbaden/Mainz (Tarifgebiet 65) lohnt sich für eine Person bereits bei mehr als zwei Fahrten am selben Tag.

- **Sie sind in Begleitung?** Unsere Gruppentageskarte ist für bis zu fünf Personen gültig und lohnt sich schon bei einer Hin- und Rückfahrt von zwei Personen zu einem Ziel im Tarifgebiet 65 (Wiesbaden/Mainz) am selben Tag.

- **Sie bleiben länger?** Unsere Wochenkarte ist an sieben aufeinanderfolgenden Tagen gültig, ihr Starttermin ist frei wählbar. Zudem ist die Wochenkarte frei auf andere Nutzer übertragbar und beinhaltet darüber hinaus unsere clevere Mitnahmeregelung.

- **Sie besuchen eine größere Veranstaltung?** Zu zahlreichen öffentlichen Festen in Wiesbaden und Mainz bieten wir Ihnen mit unserem VeranstaltungsTicket eine kombinierte Hin- und Rückfahrt besonders preisgünstig an.

**Kommen Sie vorbei – wir freuen uns auf Ihren Besuch.**

**Auch auf unseren Online-Kanälen sind wir für Sie da:**

 www.eswe-verkehr.de

 www.facebook.com/esweverkehr

 www.youtube.com/esweverkehr

**ESWE Verkehrsgesellschaft mbH** · Gartenfeldstraße 18 · 65189 Wiesbaden
Telefon (0611) 450 22-450 · www.eswe-verkehr.de

# Wiesbaden auf einen Blick

# Inhalt

| | |
|---|---|
| Nicht verpassen! | 1 |
| Benutzungshinweise | 5 |
| Impressum | 6 |

## Auf ins Vergnügen  7

| | |
|---|---|
| Wiesbaden an einem Tag | 8 |
| Wiesbaden an einem Wochenende | 9 |
| Wiesbaden für Citybummler | 12 |
| Wiesbaden für Kauflustige | 16 |
| Wiesbaden für Genießer | 20 |
| Wiesbaden am Abend | 25 |
| Wiesbaden für Kunst- und Museumsfreunde | 29 |
| Wiesbaden zum Träumen und Entspannen | 32 |
| Zur richtigen Zeit am richtigen Ort | 34 |

## Am Puls der Stadt  37

| | |
|---|---|
| Das Antlitz der Stadt | 38 |
| Von den Anfängen bis zur Gegenwart | 40 |
| Leben in Wiesbaden | 43 |
| Heilende Quellen: Wiesbaden als Kurstadt | 45 |

## Wiesbaden entdecken  49

### Altstadt  50

| | |
|---|---|
| ❶ Schlossplatz mit Marktbrunnen ★★★ | 50 |
| ❷ Altes Rathaus ★ | 51 |
| ❸ Neues Rathaus ★ | 52 |
| ❹ Stadtschloss und Hessischer Landtag ★★★ | 52 |
| ❺ Marktkirche (Nassauer Landesdom) ★★★ | 58 |
| ❻ Dern'sches Gelände mit Marktsäule ★ | 60 |
| ❼ Schiffchen ★★ | 60 |
| ❽ Heidenmauer mit Römertor ★ | 61 |
| ❾ Kaiser-Friedrich-Therme ★★★ | 62 |
| ❿ Kranzplatz und Kochbrunnen ★★★ | 63 |

### Kurviertel  66

| | |
|---|---|
| ⓫ Kurhaus mit Spielbank ★★★ | 66 |
| ⓬ Hessisches Staatstheater ★★★ | 70 |
| ⓭ Kurpark ★ | 73 |
| ⓮ Warmer Damm mit Villa Söhnlein-Pabst ★★ | 74 |
| ⓯ Wilhelmstraße ★★★ | 75 |
| ⓰ Villa Clementine ★★ | 76 |

## Wiesbadens Norden 78
- ⓱ Bergkirchenviertel und Nerotal ★ 78
- ⓲ Nerobergbahn ★★★ 80
- ⓳ Neroberg ★★★ 81
- ⓴ Russisch-Orthodoxe Kirche ★★★ 83

## Wiesbadens Süden und Westen 85
- ㉑ Museum Wiesbaden ★★★ 86
- ㉒ Reisinger- und Herbert-Anlagen ★ 90
- ㉓ Hauptbahnhof ★★ 91
- ㉔ Dichterviertel mit Lutherkirche ★ 92
- ㉕ Luisenplatz mit Bonifatiuskirche ★★ 92
- ㉖ Landesbibliothek Wiesbaden ★ 94
- ㉗ Westend ★ 95

## Außerhalb des Stadtzentrums 96
- ㉘ Biebrich ★ 96
- ㉙ Biebricher Schloss ★★★ 98
- ㉚ Schierstein ★ 101
- ㉛ Mainz-Kastel ★ 101
- ㉜ Frauenstein ★ 102
- ㉝ Schloss Freudenberg ★★ 103
- ㉞ Tier- und Pflanzenpark Fasanerie ★★ 104
- ㉟ Jagdschloss Platte ★ 105
- ㊱ Sonnenberg mit Burg ★ 106
- ㊲ Domäne Mechtildshausen ★ 107

## Entdeckungen im Umland 108
- ㊳ Mainz ★★★ 108
- ㊴ ZDF Mainz ★★ 112
- ㊵ Hochheim am Main ★★ 112
- ㊶ Schlangenbad ★ 114

## Praktische Reisetipps 115

An- und Rückreise 116
Autofahren 117
Barrierefreies Reisen 118
Diplomatische Vertretungen 118
Geldfragen 118
Informationsquellen 119
Internet und Internetcafés 121
Medizinische Versorgung 121
Mit Kindern unterwegs 121
Notfälle 122
Post 123
Radfahren 123
Schwule und Lesben 124
Sicherheit 124
Stadttouren 124
Unterkunft 125
Verkehrsmittel 128
Wetter und Reisezeit 130

## Anhang 131

Register 132
Der Autor 138
Liste der Karteneinträge 139
Zeichenerklärung 142
Wiesbaden mit PC, Smartphone & Co. 143

## Exkurse zwischendurch

Das gibt es nur in Wiesbaden . . . . . 12
Sternschnuppenmarkt . . . . . . . . . 35
Drei Lilien –
    Wiesbadens Stadtwappen . . . . . 41
Sagenhaft: Ekko und der Drache . . 43
Kurgast Goethe . . . . . . . . . . . . . . 47
Wiesbadens Blütezeit:
    das Wilhelminische Zeitalter . . . 56
Der „Schweiger":
    Wilhelm von Oranien . . . . . . . . 59
Baden wie die alten Römer . . . . . . 63
Der Schwarze Bock –
    Badehaus mit Tradition . . . . . . 65
Dostojewski in Wiesbaden . . . . . . 70
Internationale Maifestspiele:
    Gütesiegel von Weltrang . . . . . 72
Wiesbadener Prinzenraub . . . . . . 77
Leichtweißhöhle . . . . . . . . . . . . . 79
Der Architekt Philipp Hoffmann . . 84
Alexey von Jawlensky:
    Wiesbadens großer Künstler . . . 90
Die Henkells: Vom Weinhändler
    zum Markenartikler . . . . . . . . . 97
Wiesbaden preiswert . . . . . . . . . 119
Meine Literaturtipps . . . . . . . . . 120

# Benutzungshinweise

## Orientierungssystem

Eine **Liste der im Buch beschriebenen Örtlichkeiten** wie Sehenswürdigkeiten, Restaurants, Hotels, Cafés, Infostellen befindet sich auf S. 139.

Zur schnelleren Orientierung tragen alle Hauptsehenswürdigkeiten und Lokalitäten sowohl im Text als auch im Kartenmaterial die gleiche Nummer:

🔒7 Mit Symbol und fortlaufender Nummer werden die sonstigen Lokalitäten wie Cafés, Geschäfte, Hotels, Infostellen usw. gekennzeichnet.

❺ Mit einer fortlaufenden magentafarbenen Nummer sind die Hauptsehenswürdigkeiten gekennzeichnet. Steht die Nummer im Fließtext, verweist sie auf die Beschreibung dieser Sehenswürdigkeit im Kapitel „Wiesbaden entdecken".

› Die farbige Linie markiert den Verlauf des Stadtspaziergangs (s. S. 14).

[E3] In eckigen Klammern steht das Planquadrat im Kartenmaterial, in diesem Beispiel Planquadrat E3.

Ortsmarken ohne Angabe des Planquadrats liegen außerhalb unserer Karten. Sie können aber wie alle Örtlichkeiten in unserer Online-App unter http://ct-wiesbaden14.reise-know-how.de lokalisiert werden.

## Bewertung der Sehenswürdigkeiten

★★★ auf keinen Fall verpassen
★★ besonders sehenswert
★ wichtige Sehenswürdigkeit für speziell interessierte Besucher

## Vorwahlen

› **Vorwahl Wiesbaden:** 0611
› **Vorwahl Deutschland:** 0049
› **Vorwahl Österreich:** 0043
› **Vorwahl Schweiz:** 0041

## Bildnachweis

Die Kürzel an den Abbildungen stehen für folgende Fotografen, Firmen und Einrichtungen. Wir bedanken uns für die freundliche Abdruckgenehmigung.

| | |
|---|---|
| gs, Umschlag und Umschlagklappe, rechts | Günter Schenk (der Autor) |
| fo | Fotolia.com |

# Impressum

Günter Schenk

## CityTrip Wiesbaden

erschienen im
REISE KNOW-HOW Verlag Peter Rump GmbH,
Osnabrücker Str. 79, 33649 Bielefeld

© REISE KNOW-HOW Verlag
 Peter Rump GmbH
**1. Auflage 2014**
Alle Rechte vorbehalten.

**ISBN 978-3-8317-2527-4**
PRINTED IN GERMANY

Dieses Buch ist erhältlich in jeder Buchhandlung Deutschlands, der Schweiz, Österreichs, Belgiens und der Niederlande. Bitte informieren Sie Ihren Buchhändler über folgende Bezugsadressen:
 Deutschland: Prolit GmbH, Postfach 9,
 D-35461 Fernwald (Annerod)
 sowie alle Barsortimente
 Schweiz: AVA Verlagsauslieferung AG,
 Postfach 27, CH-8910 Affoltern
 Österreich: Mohr Morawa Buchvertrieb
 GmbH, Sulzengasse 2, A-1230 Wien
 Niederlande, Belgien: Willems
 Adventure, www.willemsadventure.nl
Wer im Buchhandel kein Glück hat, bekommt unsere Bücher auch über unseren Büchershop im Internet:
**www.reise-know-how.de**

**Herausgeber:** Klaus Werner
**Lektorat und Layout:**
 amundo media GmbH
**Karten:** Ingenieurbüro B. Spachmüller,
 amundo media GmbH
**Druck und Bindung:** Media-Print, Paderborn
**Fotos:** siehe Bildnachweis S. 5

**Anzeigenvertrieb:** KV Kommunalverlag
 GmbH & Co. KG, Alte Landstraße 23,
 85521 Ottobrunn, Tel. 089 928096-0,
 info@kommunal-verlag.de

Alle Informationen in diesem Buch sind vom Autor mit größter Sorgfalt gesammelt und vom Lektorat des Verlages gewissenhaft bearbeitet und überprüft worden. Da inhaltliche und sachliche Fehler nicht ausgeschlossen werden können, erklärt der Verlag, dass alle Angaben im Sinne der Produkthaftung ohne Garantie erfolgen und dass Verlag wie Autor keinerlei Verantwortung und Haftung für inhaltliche und sachliche Fehler übernehmen. Die Nennung von Firmen und ihren Produkten und ihre Reihenfolge sind als Beispiel ohne Wertung gegenüber anderen anzusehen. Qualitäts- und Quantitätsangaben sind rein subjektive Einschätzungen des Autors und dienen keinesfalls der Bewerbung von Firmen oder Produkten. Wir freuen uns über Kritik, Kommentare und Verbesserungsvorschläge:
**info@reise-know-how.de**

## Aktuelle Informationen nach Redaktionsschluss

Unter **www.reise-know-how.de** werden aktuelle Ergänzungen und Änderungen der Autoren und Leser zum vorliegenden Buch bereitgestellt. Sie sind auch in der **Gratis-App** zum Buch abrufbar.

**www.reise-know-how.de**
- Ergänzungen nach Redaktionsschluss
- kostenlose Zusatzinfos und Downloads
- das komplette Verlagsprogramm
- aktuelle Erscheinungstermine
- Newsletter abonnieren

**Verlagsshop mit Sonderangeboten**

buch+musik  
ejw-service gmbh  
Büchsenstraße 36 * 70174 Stuttgart-Mitte  
0711/294547  
buchhandlung.s-mitte@ejw-buch.de

| Datum: 03.05.2019 | | 15:11 |
|---|---|---|
| Gutschein verrechn. | | -5,00 x 2 |
| Schenk: Reise Know-How | | 11,95 x 1 |
| CityTrip Wiesbaden | | |

| Summe: | | 1,95 Euro |
|---|---|---|
| MwSt 7,0% | 0,78 zu | 11,17 Euro |
| Gegeben: | | 10,00 Euro |
| Zurück: | | 8,05 Euro |
| Barzahlung | | |

buch+musik  
ejw-service gmbh

# Auf ins Vergnügen

## Auf ins Vergnügen
### Wiesbaden an einem Tag

*Genießen – Erleben – Flanieren. Wiesbaden ist immer einen Besuch wert, zu jeder Jahreszeit und an jedem Tag. Besonders erlebenswert ist die Stadt aber während ihrer großen Feste: der Rheingauer Weinwoche (s. S. 36) im Sommer und dem weihnachtlichen Sternschnuppenmarkt (s. S. 35), der jedes Jahr viele Tausend Besucher lockt. Sehenswürdigkeiten gibt es aber auch sonst genug, die meisten finden sich in der Innenstadt.*

„Der Staatsanwalt" heißt eine populäre, in Wiesbaden spielende Fernsehserie. Darin zeigt sich die Stadt von ihrer schönsten Seite: mit **Kurhaus** und **Spielbank** ⓫, heißen Quellen und **eindrucksvollen Bädern**, gepflegten **Restaurants** und **Klubs**. Und auch Wiesbadens **Schauseiten am Rhein**, vom Biebricher Schloss ㉙ bis zum Schiersteiner Hafen ㉚, liefern wie der **Neroberg** ⓳ immer wieder dekorative Kulissen für die Fernsehmacher.

Auf nach Wiesbaden also! Da die meisten Sehenswürdigkeiten dicht beieinander liegen und der Rest mit öffentlichen Verkehrsmitteln meist leicht zu erreichen ist, braucht man für die Visite in Hessens Hauptstadt eigentlich kein Auto. Wer das abendliche Flair der Altstadt oder die vielen Kulturangebote in der City genießen will, sollte am besten in der Innenstadt übernachten.

*◁ Vorseite: Die Wiesen im Kurviertel wie hier vor dem Staatstheater ⓬ sind im Sommer begehrte Ruheplätze*

*▷ Fußgängerzone inmitten der Altstadt: die Grabenstraße [D2]*

**KURZ & KNAPP**
### Originalton
„Wiesbaden liegt in einem Tal, das vorwärts nach Süden von Hügeln, nordwärts aber von Bergen begrenzt wird; besteigt man die letzteren, so hat man eine unendliche und höchst schöne Aussicht".
Johann Wolfgang von Goethe, 1814

Mit dem **Staatstheater** ⓬ hat Wiesbaden zudem einen Musentempel von internationalem Rang. Die jährlich organisierten Internationalen Maifestspiele (s. S. 35) genießen gar Weltruf. Kultur am Abend bieten auch zahlreiche **Kleinkunstbühnen** und **Filmtheater**, die Cineasten immer neue Überraschungen bieten. Langeweile kommt so kaum auf – und wenn: Mit **Mainz** ㊳ liegt eine weitere Metropole in Stadtbusnähe.

# Wiesbaden an einem Tag

*Eigentlich hat die Stadt mehr verdient als einen Tagesbesuch, entdeckt man ihre wahre Schönheit doch erst richtig, wenn man sich länger auf sie einlässt. Aber auch Kurzbesucher kommen bei einem Stadtspaziergang auf ihre Kosten, weil fast alle wichtigen Sehenswürdigkeiten auf engem Raum beieinander liegen.*

Zu den Höhepunkten eines Besuchs gehören neben einem Gang durch die **Altstadt** (s. S. 50) und einem Abstecher ins **Kurviertel** (s. S. 66) mit seinem sehenswerten **Kurhaus** ⓫ auch ein Bummel über die **Wilhelmstraße** ⓯ und – bei gutem Wetter – ein Besuch auf Wiesbadens Hausberg, dem **Neroberg** ⓳.

# Auf ins Vergnügen
## Wiesbaden an einem Wochenende

Mit der **Russisch-Orthodoxen Kirche** ⑳ und der **Nerobergbahn** ⑱ finden sich dort gleich zwei der wichtigsten Sehenswürdigkeiten der Stadt.

Außer bei den öffentlichen Führungen sind das **Stadtschloss** ❹ und das **Biebricher Schloss** ㉙ für Besucher meist nicht zugänglich, in vielen Fällen bleibt nur der Blick von außen. Das gilt auch für das Staatstheater ⑫, das außerhalb der Vorstellungen geschlossen ist.

Ein Auge sollte jeder Stadtbummler auch auf die **Heidenmauer** ❽ und den **Kochbrunnen** ❿ werfen und auch das runderneuerte **Museum Wiesbaden** ㉑ ist immer einen Stopp wert. Wer die Stadt gern auf einem **Rundgang** erkunden möchte, findet zudem auf Seite 14 einen Routenvorschlag.

## Wiesbaden an einem Wochenende

### 1. Tag

#### Vormittags

Samstagmorgens lockt der große **Wochenmarkt** (s. S. 19) zu Füßen der Marktkirche ❺. Hier lebt die Stadt und Lebensfreude mischt sich mit Geschäftssinn. Wer noch ein deftiges Frühstück braucht: Die **Curry Manufaktur** (s. S. 23) ist seit Jahren mit einem Imbisswagen auf dem Wochenmarkt vertreten. Fast immer schenken zudem **regionale Winzer** Rheingauer Weine aus.

Gleich um die Ecke befindet sich Wiesbadens **Altstadt** (s. S. 50) mit ihren kleinen Boutiquen, Cafés und

## Wiesbaden an einem Wochenende

Kneipen in Wagemann-, Gold- und Grabenstraße. Ein Paradies für alle Citybummler! Lebhafter geht es in der Kirch- und der Langgasse zu, Wiesbadens **Einkaufsmeilen**. In der längsten Fußgängerzone der Stadt werden auch Schnäppchenjäger hin und wieder fündig. Schließlich hat man die Qual der Wahl, denn Traditionscafés wie das Maldaner (s. S. 34) buhlen mit Bistros und Pizzerien um den **Mittagsgast**.

### Nachmittags

Samstags um 15 Uhr startet gewöhnlich der kostenlose Rundgang durch das **Stadtschloss** ❹ und Besucher haben Gelegenheit, den **Hessischen Landtag** zu besichtigen (eine Anmeldung ist nicht erforderlich). Danach geht es vorbei an **Heidenmauer** ❽ und **Kaiser-Friedrich-Therme** ❾ zum **Kochbrunnen** ❿. Ein paar Schritte weiter beginnt die **Wilhelmstraße** ⓯, Wiesbadens Nobelmeile mit vielen eleganten Geschäften. Blickfang ist das **Kurhaus** ⓫ mit dem Bowling Green, dem großen Rasen samt Springbrunnen. Bei schönem Wetter sollte man auch dem dahinter liegenden **Kurpark** ⓭ einen Besuch abstatten. Wer Lust hat, kann seine Liebste(n) mit dem Boot über den großen Weiher rudern.

Warum zum Sonnenuntergang nicht mal ans **Rheinufer**? Zum **Biebricher Schloss** ㉙ zum Beispiel, wo die Abendsonne die Gäste auf der Terrasse des Schloss-Restaurants beflügelt – oder in ein paar S-Bahn-Minuten nach **Mainz-Kastel** ㉛, wo ein kleiner Strand mit Liegestühlen Mittelmeer-Feeling versprüht. Spielt der Wettergott mit, kann der Abend hier schon sehr spät werden …

### Abends

Gut essen, Kultur oder große Sause – für jeden ist etwas dabei. Wer Lust hat, zieht durch die **Altstadtkneipen**. Italienische Traditionsküche pflegt man im **Ristorante La Rucola** (s. S. 22) mit hausgemachter Pasta und frischem Fisch. Frankreich schmeckt man im Restaurant **Chez Mamie** (s. S. 22) und stilvoll speist man im Sommer im **Linner** (s. S. 22) oder vor der Kurhaus-Kulisse im **Käfer'S** (s. S. 23).

Freunde der Oper und des Schauspiels finden im **Staatstheater** ⓬ mit seinen Bühnen Abwechslung. Auch **Partygänger** kommen am Wochenende auf ihre Kosten. Plätze zum Chillen oder Abtanzen gibt es genug!

◁ *Das Dern'sche Gelände* ❻ *zu Füßen des Neuen Rathauses* ❸ *ist beliebter Treffpunkt*

▷ *Die Nerobergbahn* ⓲ *fährt auf Wiesbadens Hausberg*

# Auf ins Vergnügen
## Wiesbaden an einem Wochenende

## 2. Tag

### Vormittags

Schon gefrühstückt? Falls nicht, lockt in der **Villa Clementine** ⓰ bis 13 Uhr ein großes Sonntagsbuffet. Bei gutem Wetter geht es über Taunusstraße und Nerotal ⓱ anschließend zur **Nerobergbahn** ⓲, die seit über 100 Jahren mit Wasserkraft betrieben wird. Sie bringt den Besucher in wenigen Minuten auf den **Neroberg** ⓳, Wiesbadens Hausberg. Von oben genießt man den einmaligen Blick auf die Stadt. Ein Muss ist außerdem die Stippvisite in der **Russisch-Orthodoxen Kirche** ⓴, einem der Wahrzeichen von Wiesbaden. Bei schlechtem Wetter heißt es: Ab ins **Museum Wiesbaden** ㉑! Moderne und alte Kunst findet sich hier neben einmaligen naturkundlichen Sammlungen. Sommerliche Alternative ist ein Abstecher auf die andere Rheinseite, wo der „**ZDF-Fernsehgarten**" (ZDF Mainz ㊴) lockt. Mit dem Auto ist das ein Katzensprung, allerdings sollte man sich vorher Eintrittskarten besorgen.

### Nachmittags

Wer Lust hat, sich zu bewegen, findet z. B. in Wiesbadens **Wäldern** das ganze Jahr über Wandermöglichkeiten. Stadtbusse bringen einen schnell auf die umliegenden Höhen, von wo bequeme Wege wieder nach unten führen. Natürlich kann man das auch umgekehrt machen! Das **Opelbad** (s. S. 82) gehört zu den schönsten deutschen Freibädern und ist an Sonnentagen der richtige Platz, um den Tag zu genießen. Alternative ist ein **Thermenbesuch** – ganz klassisch in der Kaiser-Friedrich-Therme ⓽ oder im Thermalbad Aukammtal (s. S. 48) mit seinem großen Innen- und Außenschwimmbecken. Oder warum geht man nicht einmal nachmittags ins Kino? Wer etwas für Skurriles übrig hat, kann auch das sonntagmittags geöffnete **Harlekinäum** (s. S. 30) besuchen, ein kleines schräges Museum im Vorort Erbenheim. Am schönsten ist es aber, sich noch einmal **durch die Stadt treiben** zu lassen, die sonntags weniger hektisch wirkt. „Carpe diem" („Genieße den Tag"), das haben schon die Römer in Wiesbaden vorgelebt. Und wer will, träumt in einem der Cafés und Bistros von den Zeiten, als der Kaiser in der einstigen Kurstadt für Glanz und Gloria sorgte.

### Abends

Ende gut, alles gut! Nach einem **Altstadtbummel** klingt die Visite in Hessens Hauptstadt gemütlich aus – bei einem Cocktail, einem Glas Rheingauer Wein oder wonach es den Citybummler sonst gelüstet.

## Das gibt es nur in Wiesbaden

› *Heirat in der Bergbahn: Die Nerobergbahn* ⓲ *gehört zu den populärsten Sehenswürdigkeiten der Stadt. Bis zu 300.000 Ausflügler bringt sie Jahr für Jahr auf den Wiesbadener Hausberg. Inzwischen kann man in der Bergbahn auch heiraten. Um den Brautpaaren den Bund fürs Leben zu ermöglichen, legt das Bähnchen auf halbem Weg nach oben sogar eine Pause ein (s. S. 81).*

› *Statistisches Bundesamt: Wer Deutschland und die Deutschen näher kennenlernen will, vertraut auf die Statistiken der Bundesbehörde. Seit dem Ende des Zweiten Weltkriegs sammelten und sammeln fast 2000 Datenspezialisten in Wiesbaden Tag für Tag neue Zahlen, die Wirtschaft und Politik als Grundlage für ihre Arbeit dienen. Die Daten kann übrigens jeder kostenlos nutzen!*

› *Wiesbadener Ananastörtchen: Um die Kurgäste zu verwöhnen, ersann der Konditor Fritz Kunder anno 1903 das Wiesbadener Ananastörtchen. Eine Komposition aus Marzipan, Schokolade, Mandeln, mit Nougat gefüllten Waffelböden und feinster Ananasfüllung. Die Konditorei gibt es noch heute – und natürlich auch die Ananastörtchen, ein beliebtes Mitbringsel nicht nur für Süßmäulchen (s. S. 18).*

› *Deutschlands höchste Bevölkerungsdichte: „Klein-Istanbul" nennen die Einheimischen das Westend* ㉑*, Wiesbadens lebendigsten Stadtteil. Auf engstem Raum leben dort vor allem türkischstämmige Bewohner. Mit rund 25.000 Einwohnern pro Quadratmeter soll die Bevölkerungsdichte dort höher sein als in anderen deutschen Städten.*

# Wiesbaden für Citybummler

*Mit über einer Million Übernachtungen und mehr als einer halben Million Besuchern jährlich kann sich Hessens Hauptstadt touristisch sehen lassen. Dabei hat Wiesbaden eigentlich keine in aller Welt berühmten Attraktionen. Womit die Stadt aber kräftig punkten kann, ist ihr beeindruckendes Stadtbild. Große Teile zeigen sich auf den ersten Blick noch immer so wie im späten 19. und frühen 20. Jahrhundert, als sich Wiesbaden stolz „Welt-Cur-Stadt" nannte.*

Es war die Zeit des Historismus, als man **im historischen Geist neu baute**: neoromanisch, neogotisch oder neobarock. Zum Schluss auch im Jugendstil, den der Historismus entscheidend beeinflusst hatte. Hunderte von Häusern aus dieser Ära stehen noch heute in Wiesbaden, das im Zweiten Weltkrieg weniger zerstört wurde als vergleichbare Städte. So bietet Hessens Hauptstadt dem Besucher noch immer ein Bild davon, wie das gesellschaftliche Leben im 19. Jahrhundert ausgesehen hat und bemüht sich zurzeit zusammen mit anderen Städten Europas, ihre historischen Bauten unter den

## Auf ins Vergnügen
### Wiesbaden für Citybummler

Schutz des UNESCO-Weltkulturerbes zu stellen. Mit gut 280.000 Einwohnern ist Wiesbaden eine Großstadt – und trotzdem leicht zu „erobern", denn das **Stadtzentrum** mit seinen Sehenswürdigkeiten, Fußgängerzonen und Einkaufsmeilen ist für jeden **überschaubar**.

Wer es ruhig mag, ist im **Kurviertel** (s. S. 66) bestens aufgehoben. Wer das multikulturelle Wiesbaden liebt, sollte sich das **Westend** ㉗ näher ansehen. Fast überall trifft man jedenfalls auf Zeitzeugen der Vergangenheit, aber auch auf Projekte der Zukunft, auf **historische Bauten** wie die Russisch-Orthodoxe Kirche ⑳ mit ihren vergoldeten Kuppeln oder auf die **Riesenbaustelle** an den Rhein-Main-Hallen, die ab Herbst 2014 zu Deutschlands modernstem Tagungs- und Veranstaltungszentrum umgebaut werden.

Wer das eher **dörfliche Wiesbaden** sucht, sollte **Frauenstein** ㉜ oder **Sonnenberg** ㊱ besuchen, Gemeinden mit jahrhundertealter Geschichte und selbstbewussten Bürgern. Ihr eigenes Flair haben auch **Biebrich** ㉘ und **Schierstein** ㉚, **Mainz-Kastel** ㉛ und **Kostheim**, die Vororte an Rhein und Main. Flößer, Fischer und Schiffer haben sie geprägt, ehe sie – vor allem wegen ihrer Lage am Fluss – auch immer mehr Industrie anlockten. Heute sind sie das industrielle Herz der Stadt.

**Fasanerie** ㉞ und **Jagdschloss Platte** ㉟ sind Zeitzeugen des einstigen höfischen Lebens vor den Toren Wiesbadens. Sie sind beliebte Ausflugsziele, und das nicht nur für die Einheimischen. Und mit der **Domä-**

*Wiesbadens kleine Altstadtgassen wie die Grabenstraße [D2] mit ihrer stimmungsvollen Beleuchtung sind auch abends einen Bummel wert*

## Auf ins Vergnügen
### Wiesbaden für Citybummler

ne Mechtildshausen ❸❼ findet sich Wiesbadens größter Bio-Bauernhof samt Läden, Restaurants und Café im Stadtteil Erbenheim.

## Stadtspaziergang (Tagestour)

Der beste Ausgangspunkt für einen Stadtbummel ist das **Dern'sche Gelände** ❻ mit der Marktkirche ❺. Dort findet sich nicht nur ein großes, unterirdisches Parkhaus, sondern auch eine Busstation. Besonders lebhaft geht es hier mittwochs und samstags zu, wenn der Wochenmarkt mit seinen Buden und Ständen lockt. Rund zehn Kilometer führt unser Bummel durch die Stadt, wobei die **Nerobergbahn** ❽ von Frühjahr bis Herbst einem den Anstieg auf den **Neroberg** ❾ abnimmt. Wer will, kann die Strecke auch immer wieder abkürzen.

Unübersehbar ist die evangelische **Marktkirche** das höchste Gebäude der Stadt. Vor ihrer Front steht der „Schweiger" (siehe Exkurs S. 59), ein Denkmal für Wilhelm von Oranien. Der benachbarte **Schlossplatz** ❶ bietet gleich mehrere Sehenswürdigkeiten: das **Neue Rathaus** ❸ aus den 1880er-Jahren und das **Alte Rathaus** ❷ aus dem frühen 17. Jahrhundert schräg gegenüber. Es ist das älteste Gebäude Wiesbadens und dient heute als Standesamt. Das **Stadtschloss** ❹ auf der anderen Seite, Mitte des 19. Jahrhunderts als Palais für Herzog Wilhelm von Nassau erbaut, ist heute Sitz des Hessischen Landtags. Zwischen Schloss und Rathaus fällt der **Marktbrunnen** von 1753 ins Auge.

Die geschäftige **Marktstraße** mit ihren Geschäften und Gastronomiebetrieben führt weiter in die Stadt. Rechts zweigt bald eine der typischsten Alt-Wiesbadener Gassen ab: die **Grabenstraße** mit kleinen Läden und Boutiquen sowie dem **Bäckerbrunnen** – einem von wenigen, noch heute öffentlich zugänglichen Brunnen, die Wiesbadens Aufstieg zur Kurstadt beförderten. Durch die von Restaurants gesäumte Goldgasse erreicht man die **Langgasse**, Wiesbadens Einkaufsmeile. Hinter Hausnummer 38–40 verbirgt sich die gründlich renovierte **Kaiser-Friedrich-Therme** ❾, eine Badelandschaft wie aus dem Bilderbuch. 1913 hatte das Bad erstmals seine Pforten geöffnet und das heiße Wasser aus dem Untergrund genutzt. Ein paar Schritte weiter, nach dem Überqueren der Oberen Webergasse und vorbei am Hotel Schwarzer Bock, lockt ein weiterer Zeuge Wiesbadener Badekultur, der **Kochbrunnen** ❿. Vom historischen Kurzentrum sind nur noch ein Teil der Wandelhalle und der Pavillon, in dem man das Wasser probieren kann, erhalten. Gesäumt wird der Platz vom Sitz des Hessischen Ministerpräsidenten, der Staatskanzlei und einem der ältesten deutschen Hotels, dem **Radisson Blu Schwarzer Bock** (s. S. 127), das noch heute Badekuren anbietet (s. S. 65).

Den weiten Platz vor dem Kochbrunnen säumt die **Taunusstraße** [D/E1], einer der Wiesbadener Prachtboulevards. Sie führt ins **Nerotal** mit seinen sehenswerten Villen und Grünanlagen. Wer möchte, kann hier noch einen lohnenden **Abstecher** „bergauf" machen, denn am Ende der von der

> ### Routenverlauf im Stadtplan
> Der hier beschriebene Spaziergang ist mit einer farbigen Linie im Stadtplan eingezeichnet.

## Auf ins Vergnügen
## Wiesbaden für Citybummler

Nerotalstraße gesäumten Grünanlage befindet sich die Talstation der **Nerobergbahn** ⓲, die auf den **Neroberg** ⓳ führt. Bei gutem Wetter ist der Besuch des Wiesbadener Hausbergs natürlich Pflicht! Die Sicht auf die Stadt von oben ist einmalig und von der Bergstation sind es – vorbei am Opelbad (s. S. 82), einem der schönst gelegenen deutschen Freibäder – nur ein paar Fußminuten zur **Russisch-Orthodoxen Kirche** ⓴, einem der Wahrzeichen Wiesbadens. Zu Füßen der Kirche führen Christian-Spielmann-Weg und Weinbergstraße an schönen Villen entlang zurück zur Talstation.

Wer den Abstecher auf den Wiesbadener Hausberg nicht machen möchte, läuft über die Straße Nerotal wieder zurück, bis halbrechts die in die Stiftstraße übergehende Franz-Abt-Straße abzweigt. Nach Überqueren der Röderstraße folgt man der **Nerostraße** und der am Ende rechts von ihr abzweigenden **Saalgasse**. Mit einem kleinen Schlenker durch die Obere Webergasse und die Büdingenstraße landet der Citybummler schließlich am neu renovierten **Römertor** ❽, wo man auf die Reste der alten **Heidenmauer** trifft, einem der ältesten Gemäuer Wiesbadens. Wer will, kann Richtung Westen weiter ins quirlige **Westend** ㉗ eintauchen, das sich zum Beispiel in der Wellritzstraße ganz multikulturell gibt. Dort ist das Reich der Döner und Fladenbrote und damit des preiswerten Zwischenstopps. Ansonsten geht es jetzt ein paar Schritte die Coulinstraße weiter und dann dort, wo einst die Synagoge stand, links die Fußgängerzone **Michelsberg** [C/D3] leicht bergab in die längste Shoppingzone der Stadt: In der **Kirchgasse** [C3/4] heißt das Motto „Genießen – Erleben –Flanieren". Kurz vor ihrem Ende biegt man nach links zum **Luisenplatz** ㉕ mit der **Bonifatiuskirche** ab, einem alten katholischen Gotteshaus. Wer jetzt noch Zeit und Lust hat, kann die Rheinstraße überqueren und über die Adolfstraße und die Adolfsallee [D5/6] zum **Hauptbahnhof** ㉓ und dann durch die **Reisinger- und Herbert-Anlagen** ㉒ zurück zum sehenswerten **Museum Wiesbaden** ㉑ laufen. Schneller kommt man zum Musentempel, wenn man die Rheinstraße vom Luisenplatz nach links bis zur Kreuzung mit der **Wilhelmstraße** ⓯ geht, der „Rue", wie sie die Einheimischen nennen.

Richtung Norden taucht der Stadtbummler jetzt langsam in Wiesbadens **Kurviertel** (s. S. 66) ein. Auf der linken Straßenseite befinden sich vornehme Geschäfte, auf der rechten Prachtbauten wie die **Villa Clementine** ⓰ und die **Parkanlage „Warmer Damm"** ⓮, durch die ein Weg schließlich zum **Kurhaus** ⓫ führt. Einen Blick sollte man dort auf alle Fälle hineinwerfen! Im **Kurpark** ⓭ mit seinem Weiher ist Platz zum Luftholen – dort soll übrigens angeblich schon Elvis Presley seiner Priscilla den Hof gemacht haben.

Dann aber geht es durch die Theaterkolonnaden am **Staatstheater** ⓬ entlang zurück zum Start. Schön ist der Blick auf das **Bowling Green**, einer Rasenfläche mit Springbrunnen. Hier zeigt sich Wiesbaden von seiner Schokoladenseite! Die Wilhelmstraße querend führt eine Fußgängerzone vorbei am Kaiser-Friedrich-Denkmal und dem Nobelhotel **Nassauer Hof** (s. S. 127) zur Straße An den Quellen [E2], die einen vorbei an der berühmten Kuckucksuhr (s. S. 61) nach links zum Schlossplatz bringt. Jetzt hat man die Marktkirche, und damit den Ausgangspunkt des Rundgangs, wieder direkt vor Augen.

# Wiesbaden für Kauflustige

*Kauflustigen bietet Wiesbaden einige Möglichkeiten: Große Einkaufszentren wie das Lilien-Carré oder das LuisenForum finden sich mitten in der Stadt, große Einrichtungshäuser und Elektromärkte an der Peripherie. Was die Stadt aber für Einkaufsbummler so interessant macht, sind die vielen kleinen und exklusiven, oft auch teuren Geschäfte. Tausend Euro wird man in Wiesbaden für ein paar handgenähte Schuhe oder eine schöne Tasche leicht los! Arabische Scheichs kaufen hier deshalb ebenso gern ein wie russische Oligarchen.*

Die **Kirch-** [C3/4] und die **Langgasse** [D2/3], die ineinander übergehen, bilden Wiesbadens wichtigste Einkaufsmeile. Hier reihen sich Markenshops von Swarowski, Bose, Mango, Fossil, Geox oder Zara an bekannte Restaurantketten, Optikerläden an Buchhandlungen, Restaurants und Bistros an Schuh- und Textilgeschäfte. Und mit Karstadt und Kaufhof finden sich auch Wiesbadens größte Kaufhäuser in der Fußgängerzone.

Ganz anders geht es auf der **Wilhelmstraße** ⓯ zu. Exklusivität ist hier Trumpf, die mit klangvollen Namen wie Calvin Klein, Rolex, Van Laack, Strenesse oder Cartier daherkommt. Wer hier zum Einkauf unterwegs ist, braucht den passenden Geldbeutel. Den meisten bleibt auf der Wilhelmstraße so nur der Schaufensterbummel. Kleinen und exklusiven Geschäften und Boutiquen begegnet man auch in **Taunus-** [D/E1] oder **Nerostraße** [D1], wo vor allem Antiquitätenhändler zu finden sind.

Spätestens wenn es darum geht, den Lieben zu Hause etwas mitzubringen, beginnt die Qual der Wahl. In Wiesbaden fällt die nicht leichter als anderswo. Auffallend ist die Vielzahl der **Feinkost- und Feinschmeckerlädchen** in der Stadt – so wie die Patisserie L'Art Sucre, die mit hand- und hausgemachten Köstlichkeiten aufwartet. Auf Selbstgemachtes schwört man auch in der Konditorei Kunder (s. S. 18) in der Wilhelmstraße, die Pralinen oder mit feinster Schokolade überzogene Apfelringe, Kiwischeiben, Kirschen, Trauben, Datteln, Erdbeeren, Feigen oder Pflaumen anbietet. Bei Kunder wurde einst auch das „Wiesbadener Ananastörtchen" erfunden, eine weltbekannte Spezialität.

Ebenfalls eine Wiesbadener Spezialität sind die **Seifen** aus dem Salz des Kochbrunnens, die neben Schlüsselanhängern, Glühweintassen, Krawatten, Schals und Schirmen mit Wiesbaden-Logo in der Tourist-Information (s. S. 119) angeboten werden. Ganz auf Wiesbaden-Souvenirs hat sich auch das neue Lädchen StadtStück in der Taunusstraße konzentriert.

**Rheingauer Weine** bietet eine Reihe von Fachgeschäften in der Innenstadt an. Und wer noch Platz im Kofferraum hat, dem sei ein Einkaufs-Ausflug in die Vororte Kostheim oder Frauenstein ㉜ empfohlen, noch besser eine Stippvisite in Hochheim ㊵, wo ausgezeichnete Riesling-Weine zu Hause sind. Begehrt als Souvenir ist auch der „Wiesbadener Neroberg", der auf dem Südhang des Nerobergs ⓳ angebaute Riesling.

---

**Shoppingareale**
Die wichtigsten Shoppingbereiche der Stadt sind im Kartenmaterial mit einer rötlichen Fläche markiert.

# Auf ins Vergnügen
## Wiesbaden für Kauflustige

## Einkaufszentren

🛍1 [D7] **Lilien-Carré**, Bahnhofsplatz 3, Tel. 0611 4114070, www.lilien-carre.de, Mo.-Sa. 10-20 Uhr. Rund fünfzig Läden auf mehreren Etagen. 2014 soll das Einkaufszentrum umgebaut und mit noch mehr gastronomischen Angeboten ausgestattet werden. Eigenes Parkhaus.

🛍2 [C4] **LuisenForum**, Kirchgasse 6, Tel. 0611 3415470, www.luisenforum.com, Mo.-Sa. 10-20 Uhr. Großes Einkaufszentrum in der Stadtmitte mit rund fünfzig Läden. Zum LuisenForum gehören auch eine Schlemmermeile, ein Fitnessstudio und ein Parkhaus.

## Buchhandlungen

🛍3 [D3] **Buchhandlung Angermann**, Mauergasse 21, Tel. 0611 993090, www.landkartenhaus.de, Mo.-Fr. 10-19, Sa. 10-16 Uhr. Gemütlicher Buchladen, der sich mit Reiseführern und Karten auf Wanderer und Urlauber eingestellt hat.

🛍4 [D2] **Buchhandlung Dr. Vaternahm**, An den Quellen 12, Tel. 0611 301255, www.buchhandlung-vaternahm.de, Mo.-Fr. 9.30-18.30, Sa. 9.30-16 Uhr. Alteingesessener Buchladen mit einer großen Auswahl an regionaler Literatur.

🛍5 [C4] **Buchhandlung Hugendubel**, Kirchgasse 17, Tel. 0611 37588000, www.hugendubel.de, Mo.-Sa. 9-20 Uhr. Großbuchhandlung mit breitem Angebot. Gelegentlich Lesungen.

› **Thalia**, Lilien-Carré (s. Einkaufszentren), Tel. 0611 4475340, www.thalia.de, Mo.-Sa. 10-20 Uhr. Großbuchhandlung, die neben Büchern auch CDs und Geschenkartikel anbietet.

## Mode

🛍6 [B5] **Bonnie sucht Kleid**, Wörthstr. 28, Tel. 0611 1378953, www.bonniesuchtkleid.de, Mo.-Fr. 12-18, Sa. 10-14 Uhr. Gebrauchte Designerkleidung für Damen, Herren und Kinder – von Airfield bis Versace.

🛍7 [E3] **Corinna Knoll**, Wilhelmstr. 40, Tel. 0611 36026706, www.ck-fashion.de, Mo.-Fr. 10-19, Sa. 10-18 Uhr. Aktuelle Mode von Marc Cain bis Gerry Weber.

*Im LuisenForum kann man gleich auf mehreren Ebenen einkaufen*

# Auf ins Vergnügen
## Wiesbaden für Kauflustige

🛍 **8** [D2] **Fashion House Hessler,** An den Quellen/Mühlgasse 5, Tel. 0611 33545723, www.hessler-fashion.de, Mo.–Fr. 10–19, Sa. 10–18 Uhr. Individuelle Damen- und Herrenmode von internationalen Marken. Familienbetrieb mit guter Beratung.

🛍 **9** [B4] **Oxfam Shop Wiesbaden,** Dotzheimer Str. 19, Tel. 0611 3369702, www.oxfam.de, Mo.–Fr. 10–18, Sa. 10–14 Uhr. Wiesbadener Zweigstelle des internationalen Secondhand-Ladens. Großes Angebot an Textilien, deren Verkaufserlös Bedürftigen zugutekommt.

🛍 **10** [E2] **Schuhatelier Ibrahim Demir,** Webergasse 1, Tel. 0611 3415342, www.schuh-demir.de, Mo.–Fr. 9–19, Sa. 9–16 Uhr. Handgearbeitete und maßgeschneiderte Schuhe aus Kalbs-, Pferde- oder Straußenleder. Alles Unikate zu Preisen bis zu 1500 Euro.

## Sammlerstücke

🛍 **11** [E2] **Ihr Uhrenspezialist, Meisterwerkstatt Roven Bottke,** Webergasse 5, Tel. 0611 521137, www.ihr-uhrenspezialist.de, Mo.–Fr. 9–13 und 14–18.30, Sa. 9–14 Uhr. Werkstatt mit ausgefallenen alten und neuen Uhren. Hier wird auch (fast) jedem geholfen, dessen Zeitmesser Probleme macht.

🛍 **12** [D1] **Lilli Schaefer,** Saalgasse 16, Tel. 0611 598345, Mo.–Fr. 15–18.30, Sa. 10–13 Uhr. An- und Verkauf alten Spielzeugs, von der Eisenbahn bis zur Dampfmaschine. Auch auf der Suche nach Puppen, Kaufläden, Blechspielzeug oder Plastikfiguren sollte man reinschauen!

🛍 **13** [D3] **Schallplattenantiquariat Eisele,** Mauergasse 15, Tel. 0611 373547, Mo.–Fr. 10–18, Sa. 10–15 Uhr. Manfred Eisele hat viele Raritäten im Angebot: zum Beispiel mehr als einhundert Jahre alte Tonträger mit Marschmusik oder auch Schellackplatten aus den 1920er-Jahren. Keine CDs!

## Souvenirs nicht nur für Süßmäulchen

🛍 **14** [ai] **Engelwurz Himmelsküche,** Zum Grauen Stein 10, Tel. 0611 4118302, www.engelwurz-manufaktur.de. Verkauf nach telefonischer Absprache. Die kleine Manufaktur in Frauenstein bietet feinste Marmeladen wie Erdbeer-Cassis, Blutorange-Aperol oder Quitte-Ananas. Die Produkte der Himmelsküche sind auch auf dem großen Wiesbadener Wochenmarkt am Hepa-Kaffeestand erhältlich.

🛍 **15** [E4] **Fritz Kunder GmbH,** Wilhelmstr. 12, Tel. 0611 301518, www.kunder-confiserie.de, Mo.–Fr. 9–18.30, Sa. 9–16 Uhr. Traditionsreiche Confiserie mit selbstgemachten Pralinen und anderen Schokoprodukten. Spezialität des Familienbetriebs sind die „Wiesbadener Ananastörtchen".

🛍 **16** [D2] **L'Art Sucre,** Am Römertor 7, Tel. 0611 1357233, www.lartsucre.com, Mo.–Fr. 10–19, Sa. 10–16, So. 11–17 Uhr. Mit feinster Patisserie verwöhnt die Manufaktur alle Süßmäulchen. Spezialität sind Dessertkreationen wie eine weiße Schokoladenmousse mit Veilchen, Cassiskompott und Périgord-Walnuss-Biskuit.

🛍 **17** [D1] **StadtStück,** Taunusstr. 55, Tel. 0611 89044223, www.stadtstueck.de, Mo.–Fr. 10–18.30, Sa. 10–15 Uhr. Für alle Souvenirjäger: historische Stadtpostkarten, lokale Krimis, Äppelwoi-Seife und anderes, was man nicht braucht, aber für einen Moment glücklich macht!

🛍 **18** [D3] **the princess revolution. Die Wiesbadener Marmeladen- und Senfmanufaktur,** Grabenstr. 6, Tel. 0611 9878583, www.the-princess-revolution.com, Mo.–Fr. 10–18.30, Sa. 10–18 Uhr. 35 Sorten Senf und über 70 Sorten selbstgekochte Marmelade und Gelee, dazu Essig und Liköre.

## Wein und Apfelwein

🔒**19** [fh] **Rainer Emmel,** Schultheißstr. 16, Tel. 0611 503597, Fr. 15–18.30, Sa. 10–13 Uhr. Seit über fünfzig Jahren verarbeiten die Emmels im Vorort Bierstadt Früchte der Region zu naturtrübem Apfelwein. Verkauft wird das „Stöffche" frisch vom Fass, auch ein Apfel-Secco ist im Angebot.

🔒**20 Weingut Frosch,** Steigweg 17, Tel. 06134 64943, www.weingut-frosch.de, Mo.–Fr. 9–18, Sa. 9–14 Uhr. Weingut im Vorort Kostheim. Im Angebot: Riesling, Spätburgunder und Gewürztraminer, aber auch Sekt und frische Perlweine wie der „Rheingauer Leichtsinn", ein Riesling-Secco.

🔒**21** [aj] **Weingut Udo Ott,** Quellbornstr. 95, Tel. 0611 4280102, www.weingut-ott.de, Mi.–Fr. 16–19, Sa. 10–15 Uhr. Bekanntes Rheingau-Weingut im Stadtteil Frauenstein. Riesling in fast allen Qualitätsstufen, dazu Grau- und Spätburgunder.

## Märkte

Treffpunkt der Einheimischen ist zweimal wöchentlich der große **Wochenmarkt.** Jeden Mittwoch und Samstag laden **im Schatten der Marktkirche** 🔟 rund 80 Standbetreiber zum Einkaufsbummel. Im Angebot sind Obst, Kräuter und Gemüse aus der Region, aber auch Fleisch- und Wurstwaren, Wild und Geflügel, Fisch, Backwaren und andere Lebensmittel, viele davon Bio-Erzeugnisse wie Eier oder Honig. Auch die Vororte Biebrich, Bierstadt und Kostheim warten mit eigenen Wochenmärkten auf. Der wichtigste **Flohmarkt** findet von März bis Oktober (außer Mai) jeweils am dritten Samstag im Monat in der Straße Am Parkfeld in Biebrich statt.

🔒**22** [D3] **Wochenmarkt auf dem Dern'schen Gelände,** Mi./Sa. 7–14 Uhr

🔒**23** [dk] **Wochenmarkt Biebrich,** Marienplatz, Fr. 12–18 Uhr

🔒**24** [fh] **Wochenmarkt Bierstadt,** Kirchplatz, Venatorstraße, Fr. 12–18 Uhr

🔒**25 Wochenmarkt Kostheim,** Winterstraße, vor Bürgerhaus, Do. 9–14 Uhr

*Wochenmarkt auf dem Dern'schen Gelände*

# Wiesbaden für Genießer

Mit vielen Hundert Restaurants, Cafés, Bistros, Weinstuben, Biergärten und Kneipen bietet Wiesbaden von der einfachen Dönerbude bis zum luxuriösen Sternelokal für jeden Gast und Geldbeutel etwas. International ist die Küche inzwischen, auch wenn hessische Traditionsgerichte wie Rippchen mit Kraut oder Frankfurter Grüne Soße noch immer ihre Anhänger haben.

**Sternekoch** Michael Kammermeier serviert in der „Ente", dem Restaurant im Hotel Nassauer Hof (s. S. 127), feinste Gourmetmenüs und junge und kreative Küchenkünstler wie Martino Stirn stehen ihm kaum nach. Aber auch in manchem Vorort zaubern Köche und Köchinnen aus regionalen Produkten feinste Menüs. Daneben überraschen kleine, oft nur wohnzimmergroße Lädchen mit täglich frischen Suppen oder anderen **leckeren Kleinigkeiten**. Und kaum zu zählen sind die **Bistros** und **Eiscafés**, **Pasta- und Pizzabuden**, die es so allerdings in fast jeder Stadt gibt.

**Wiesbadens Traditionsküche** ist hessisch und mit von der fränkischen und rheinhessischen Küche geprägt – vom Kasseler mit Kraut, in der Schweiz als geräuchertes Rippli, in Österreich als Selchkarree bekannt, bis zur Frankfurter Grünen Soße, die gern zu Tafelspitz oder gekochtem Rindfleisch gereicht wird. Auch „Haspel", wie die Einheimischen zum Eisbein sagen, oder „Dippehas", stundenlang im Topf (mundartlich: Dippe) geschmorter Wildhase, gehören zu den alten Rezepten. Das alles aber darf nicht darüber hinwegtäuschen, dass Wiesbadens Küche längst eine internationale ist, denn Zehntausende von Migranten haben ihre eigene Esskultur mitgebracht.

Viele **Zutaten** liefert Wiesbadens Köchen und Köchinnen das Hinterland, wo Salate, Zwiebeln, Bohnen, Karotten, Tomaten, Gurken, Kohl und anderes Gemüse wachsen. Wichtig sind aber vor allem **Kartoffeln**, die seit Jahrhunderten in immer neuen Varianten auf den Tisch kommen: als Salat oder Brei, meist aber gekocht. Mit Butter oder Leberwurst schmecken sie gut oder auch mit gekochtem Spinat, Rosenkohl, Schwarzwurzeln oder sonstigem Gemüse, das häufig ein paar Spiegeleier oder eine Bratwurst krönen. Gern werden Kartoffeln zudem zu **Suppen** verarbeitet, in letzter Zeit

### EXTRATIPP

**Winzer auf dem Wochenmarkt**
Von Ende März bis Ende November laden Wiesbadens Winzer samstags zwischen 10 und 14 Uhr auf den Wochenmarkt auf dem Dern'schen Gelände (s. S. 19) zum **Marktfrühstück**. Im Angebot sind vor allem Weine aus den Vororten Kostheim und Frauenstein. Das ganze wird gewöhnlich von Livemusik begleitet.

**Gastro- und Nightlife-Areale**
Bläulich hervorgehobene Bereiche in den Karten kennzeichnen Gebiete mit einem dichten Angebot an Restaurants, Bars, Klubs, Discos etc.

▷ *In der engen Goldgasse [D2] reiht sich ein Restaurant an das andere*

## Auf ins Vergnügen
### Wiesbaden für Genießer

auch mehr und mehr Kürbis, Spargel und andere Gemüsesorten. Aber auch das sozusagen vor der Haustür wachsende **Obst** wie die Frauensteiner Kirschen spielt eine große Rolle auf dem Wiesbadener Speisezettel.

Gekochte Eier bereichern die **Grüne Soße**, die vermutlich die Hugenotten mit nach Hessen brachten. Mit Borretsch, Kerbel, Kresse, Petersilie, Pimpinelle, Sauerampfer und Schnittlauch gehören traditionell sieben Kräuter in die Grüne Soße, die mit Schmand und saurer Sahne angereichert wird. Auch **Presskopf**, **Sülze** und **Handkäse**, meist mit Essig und Öl serviert, stehen in vielen Wein- oder Apfelwein-Wirtschaften auf der Karte. **Speck- und Zwiebelkuchen** bereichern den Herbst und erste Winterabende, **Blechkuchen** mit Zwetschgen, Äpfeln oder Butterstreuseln den nachmittäglichen Kaffeeklatsch oder Familienfeiern wie Geburtstag oder Beerdigung. Und bei den Älteren stehen **Hefezöpfe** oder „Prasselkuchen", dessen Boden aus Blätterteig ist, noch immer hoch im Kurs.

Zum Essen wird in Wiesbaden neben Wasser meist **Wein** oder **Bier** getrunken, häufig auch **Apfelwein**. „Stöffche" heißt er bei den Einheimischen. Dabei lässt sich beobachten, dass in den Richtung Frankfurt gelegenen Vororten wie Nordenstadt der Apfelwein dominiert, in den dem Rheingau benachbarten Stadtquartieren wie Frauenstein der Wein. Bekannt ist die Apfelweinkellerei Emmel (s. S. 19) in Bierstadt, die seit Jahrzehnten Äpfel von den Streuobstwiesen der Region zu naturtrübem Apfelwein verarbeitet. Ein süffiges Sommergetränk, das im Winter gern heiß getrunken wird. Emmels „Stöffche" wird in zahlreichen Wiesbadener Gaststätten ausgeschenkt, zum Teil frisch vom Fass.

## Auf ins Vergnügen
### Wiesbaden für Genießer

## Empfehlenswerte Restaurants

**26** [dg] **Café & Restaurant „Leichtweiss"** €-€€, Nerotal 70, Tel. 0611 18170573, www.leichtweiss-nerotal.de, Mo.–Sa. 11–23, So. 11–23 Uhr (im Winter verkürzte Öffnungszeiten). Im Nerotal gelegenes Restaurant mit großer Terrasse. Mediterran-regionale Küche für fast jeden Geschmack und Geldbeutel.

**27** [E2] **Chez Mamie** €€, Spiegelgasse 9, Tel. 0611 36024890, www.chezmamie.de, Mo.–Sa. 11.30–15 und 18–22.30 Uhr. Gemütliches Restaurant mit französischer Küche. Die Speisekarte steckt in einem Asterix-Band. Lobenswert: Alle Gerichte gibt es in großen und kleinen Portionen, empfehlenswert ist die Entenbrust.

**37** [Umgebung] **Domäne Mechtildshausen** €€-€€€, Erbenheim, Tel. 0611 7374660, www.wjwgmbh.de, Di.–Sa. 12–15 und 18–22, So. 12–15 Uhr. Im Domänen-Restaurant kommen meist selbst erzeugte, hochwertige Lebensmittel auf den Tisch. Ausgewählte deutsche und französische Weine.

**28** [D4] **La Brasserie** €-€€, Rheinstr. 41, Tel. 0611 90067130, www.labrasserie-alexandre.de, Mo.–Fr. 12–14.30 und 18.30–24 Uhr, Sa. 12–24 Uhr. Ein wenig Pariser Flair in der Innenstadt. Werktag mittags preiswerte „Plat du Jour", täglich neu vom Tafelspitz bis zum Putensteak.

**29** [C2] **Linner** €€, Platter Str. 2, Tel. 0611 18820, www.hotel-oranien.de, Mo.–Sa. 12–22 Uhr. Stilvolles Restaurant im Hotel Oranien mit einmaliger Gartenterrasse, durchgängig warme Küche. Zu den Spezialitäten zählen Wiener Schnitzel und Roastbeef. Wer will, kann morgens auch dort frühstücken (bis 10.30 Uhr).

**30** [D6] **Maloiseau** €-€€, Adolfsallee 17, Tel. 0611 7168844, www.maloiseau-restaurant.de, Di.–Fr. 12–15 und 18–24, Sa. 18–24 Uhr. Auf halbem Weg zwischen Bahnhof und Innenstadt verwöhnt das Kellerlokal mit feiner Küche und gutem Service. Günstiges dreigängiges Mittagsmenü mit frei gewähltem Hauptgang. Besser vorher reservieren!

**31** [D2] **Martino** €€-€€€, Webergasse 6–8, Tel. 0611 9905530, www.martino-restaurant.de, Mo.–Sa. 7–23 Uhr (warme Küche 12–15 und 17.30–22 Uhr). Martino Stirn, der sein Handwerk in Sterneküchen lernte, serviert saisonale Frischeküche mit mediterranem Einschlag. Im Angebot sind mehr als ein Dutzend Gerichte, die man kombinieren kann. Günstiger Mittagslunch!

**32** [dk] **Mund's Restaurant** €-€€, Straße der Republik 34, Tel. 0611 60919609, www.mund-s.de, Mo.–Sa. 12–14 und 18–22 Uhr. Restaurant und Feinkost-Paradies im Multikulti-Vorort Biebrich. Fr. und Sa. frischer Fisch.

**33** [eh] **Ristorante La Rucola** €€€, Parkstr. 42a, Tel. 0611 376300, www.la-rucola.de, Mo.–So. 12–14.30 und 18–23 Uhr. Gemütlicher Italiener im Kurpark mit gehobener Küche, im Sommer schöne Terrasse. Spezialitäten sind hausgemachte Pasta und Fischgerichte wie der wild gefangene Loup de Mer in Salzkruste. Freundlicher Service.

**34** [aj] **Weinhaus Sinz** €-€€, Herrnbergstr. 17–19, Tel. 0611 942890, www.weinhaus-sinz.de, Di.–Sa. 11–24, So. 11–15 Uhr. Traditionsrestaurant im Stadtteil Frauenstein mit durchgehend warmer Küche, viele Familienrezepte wie Sauerkraut mit Klößen.

### Preiskategorien
Preis für ein Dreigängemenü ohne Getränke

| | |
|---|---|
| € | bis 20 Euro |
| €€ | bis 40 Euro |
| €€€ | ab 40 Euro |

## Auf ins Vergnügen
### Wiesbaden für Genießer

## Für den kleinen Hunger und Geldbeutel

**38** [D4] **Bei Gabriel**, Rheinstr. 43, Tel. 0611 3309990, Mo.-Fr. 9-19.30, Sa. 9-18 Uhr. Klein, aber fein: Hier gibt es libanesische Spezialitäten wie Falafel oder Schawarma, in Marinade gewürzte Fleischscheiben und dazu feines Fladenbrot.

**39** [D2] **Curry Manufaktur**, Am Römertor 3, Tel. 06111, www.curry-manufaktur.de, Mo.-Do. 11-20, Fr.-Sa. 11-20.30 Uhr. Knackige Würste vom Hausmetzger, gekrönt von feinen Soßen. Mittwochs und samstags gibt es auch auf dem Wochenmarkt „Currywurst de luxe".

**40** [D4] **Gastwerk Degenhardt**, Luisenplatz 4, Tel. 0611 9877977, www.gastwerk-degenhardt.de, So.-Do. 9-24, Fr.-Sa. 9-2 Uhr. Im ehemaligen Friseursalon gibt es kulinarische Köstlichkeiten wie Mangoldeintopf oder Fischpasta auf Orangencreme, nachmittags Kaffee und Kuchen.

**41** [D3] **La Maison du Pain**, Marktstr. 2-6, Tel. 0611 16661310, www.lamaisondupain.de, Mo.-Fr. 7.30-19, Sa./So. 8-19 Uhr. Buttercroissants, belegte Landbrote, warme Tartines – Frankreich lässt grüßen! Frühaufsteher kommen zum Frühstück hierher, andere verschönern mit Rotwein ihren Feierabend. Kostenloses WLAN!

**42** [C3] **Manik Veggie Café**, Michelsberg 15, Tel. 0160 540116, www.manik-veggie-cafe.de, Di.-So. 11-22 Uhr. Marktfrische und hausgemachte Speisen wie Veggie-Burger oder vegane Flammkuchen, auch fleischlose Döner. Große Auswahl an Bieren.

**43** [E3] **Le petit Belge**, Wilhelmstr. 36, Tel. 0611 1667720, www.petitbelge.de, Mo.-Do. 8-20, Fr.-Sa. 8-22 Uhr. Das kleine Bistro in der Arkaden-Passage verwöhnt mit frischen belgischen Waffeln und 40 belgischen Biersorten. Jeden ersten Freitag im Monat Bierprobe!

**EXTRATIPPS**

### Dinner for one

**35** [D6] **Le deux Dienstbach** €€, Untere Albrechtstr. 16, Tel. 0611 33460772, www.les-deux-dienstbach.de, Di.-Sa. 12-23.30 Uhr. Französische Landküche in einer ehemaligen Apotheke in Bahnhofsnähe. Spezialität sind die Tartines: dicke, mit Rillette oder Terrine belegte Bauernbrotscheiben.

### Essen mit Aussicht

› **Opelbad Restaurant** €€, im Opelbad (s. S. 82), Tel. 0611 525100, www.wagner-gastronomie.de, tgl. 10-23 Uhr (in der Wintersaison montags Ruhetag). Im Drei-Lilien-Saal speist man mit einmaligem Blick über die Stadt, im Sommer lockt die Terrasse. Große Auswahl an Speisen.

### Für den späten Hunger

**36** [F2] **Käfer'S** €€, Kurhausplatz 1, Tel. 0611 536200, www.kurhaus-gastronomie.de, Mo.-Do. 11.30-1, Fr.-Sa. 11.30-2, So. 11-1 Uhr. Das Restaurant im Kurhaus ist auch spät abends noch für hungrige Gäste da. Eine kleine Nachtkarte garantiert bis 1 Uhr warme Küche. Aber natürlich ist man auch tagsüber herzlich willkommen! Besonders empfehlenswert und preiswert ist der Mittagslunch.

### Lecker Vegetarisch

**37** [dh] **Zimt & Koriander** €, Westendstr. 30, Tel. 0611 1717297, www.zimtandkoriander.de, Mo.-Fr. 11-15 und 17-22, Sa. 17-22 Uhr. Der Inder Pavan Sharma bietet Gemüse- und Linsengerichte mit typisch indischen Soßen. Konservierungsstoffe und Geschmacksverstärker sind tabu. Neben vegetarischen Gerichten gibt es auch immer ein bis zwei vegane Angebote.

# Auf ins Vergnügen
## Wiesbaden für Genießer

**EXTRATIPP**

**O'zapft is**

Im Vorort Kastel findet sich ein Stück Bayern: eine Brauerei, die nach deutschem Reinheitsgebot das ganze Jahr aus Taunuswasser helles und dunkles Bier braut. Naturtrüb und unfiltriert kommt es auf den Tisch. Je nach Saison sind auch ein Märzenbier, ein Maibock oder ein Doppelbock im Angebot. Bayerisch wie das Bier sind auch die Speisen: Münchner Leberkäse, Nürnberger Bratwürstchen, Schweinshaxe und vieles mehr. Hin und wieder gibt es Blasmusik und man feiert Oktoberfest oder Tanz in den Mai.

**44 Brauhaus Castel**, Otto-Suhr-Ring 27, Mainz-Kastel, Tel. 06134 24999, www.brauhaus-castel.de, Mo.–Do. 11–24, Fr.–Sa. 11–1, So. 10–23 Uhr

## Biergärten, Wein- und Apfelweinstuben

**45 Berggasthof Kellerskopf**, Kellerskopf 1, Tel. 06127 4926, www.kellerskopf.de, Mi.–Fr. ab 17, Sa.–So. ab 11.30 Uhr (im Winter nur am Wochenende und freitags). Wiesbadens höchstgelegener Biergarten. Regional geprägte Küche. Spezialität: hausgemachter Apfelwein im Bembel.

**46 Frankfurter Hof**, Oberpfortstr. 2, Tel. 06122 2467, www.frankfurterhof.com, Di.–Sa. ab 17 Uhr (warme Küche bis 22 Uhr). Viel besuchtes Apfelweinlokal, das als Familienbetrieb in fünfter Generation geführt wird. Spezialität ist der Handkäs', der nach alten Rezepten noch immer selbst gefertigt wird.

*Biergarten im Park hinter dem Kurhaus* **11**

## Wiesbaden am Abend

**KURZ & KNAPP**

**Bembel**
Apfelwein wird in Hessen im Bembel ausgeschenkt, einem dickbauchigen Steinkrug. Der Bembel kam Ende des 19. Jh. in Mode. Sein Name leitet sich von „Pampel" ab, wie die Studenten ab dem 17. Jh. in Anlehnung an das lateinische „pampinus" (Weinlaub) ihre Weingefäße nannten.

**47** [D3] **Weinhaus Kögler,** Grabenstr. 18, Tel. 0611 376737, www.weinhaus-koegler.de, Mo.–Fr. ab 17, im Sommer Sa. ab 12 Uhr. Gaststätte, in der schon Dostojewski schöne Zeiten verbracht haben soll. Spunde- und Handkäs' munden zu Rheingauer Weinen.

### Cafés

**48** [D6] **Café Frank Kubbe,** Albrechtstr. 24, Tel. 0611 374184. Etwas abseits gelegenes Café, in dem die Zeit stehen geblieben zu sein scheint. Selbst gemachte Kuchen vom Feinsten und süße Leckereien wie Quarkteilchen, aber auch Suppen und Flammkuchen.

**49** [B5] **Café Walz,** Kaiser-Friedrich-Ring 12, Tel. 0611 374754, Mo.–Fr. 8–18, Sa.–So. 9–18 Uhr. Konditorei, die ein vorwiegend älteres Publikum anspricht. Nostalgie muss man mögen!

**50** [D1] **Dale's Cake,** Nerostr. 12, Tel. 0611 98827733, www.dalescake.com, Mo.–Fr. 8–18, Sa. 9–18, So. 10–18 Uhr. Mini-Café mit süßen Leckereien. Zu den Bestsellern zählen neben dem Karottenkuchen die Cupcakes. Auch ein schöner Frühstücksplatz.

**16** [E4] **Villa Clementine,** Tel. 0611 7238465, www.cafe-villa-clementine.de, Di.–So. 10–18.30 Uhr. Beliebte Wiesbadener Frühstücksadresse, So. bis 13 Uhr Brunchbuffet. Panini mit Mozzarella, Schafskäse, Salami und Schinken.

Das **kulturelle Angebot in Wiesbaden ist groß.** Es reicht vom Orchesterkonzert bis zur Disco-Sause, vom Rockfestival zum Kleinkunstabend, vom klassischen Ballett bis zum Free-Jazz-Konzert. Gleich mehrere **Bühnen** buhlen um die Gunst alter und junger Theaterfreunde. Wer gern spielt, ist in der **Spielbank des Kurhauses** **11** richtig, das manche für Deutschlands Poker-Paradies halten. Hier kann man schnell sein Geld loswerden! In den Kurhauskolonnaden gegenüber lockt das sogenannte „Kleine Spiel" mit vielen Dutzend Glücksspielautomaten.

In Wiesbaden gibt es zudem eine lebendige **Kleinkunstszene** wie in den Kammerspielen oder dem Pariser Hoftheater, die vor allem vom privaten Engagement lebt. Traditionsreich ist das Velvets Theater, wo man unter anderem das klassische tschechische Schwarze Theater pflegt. Und beachtenswert ist auch die **Kinoszene,** verfügt Wiesbaden mit der Caligari FilmBühne und dem Murnau-Filmtheater doch über zwei cineastisch interessante Treffpunkte.

Traditionelle **Ausgehtage** in Hessens Hauptstadt sind Freitag und Samstag – und wie in allen größeren Städten geht auch in Wiesbaden die Post oft erst nach Mitternacht ab. Wiesbadens **Klubszene** konzentriert sich unter anderem in Nero- [D1] und Taunusstraße [D/E1]. An lauen Sommerabenden trifft sich das feiernde Volk auch gern am Rheinufer in Biebrich, Schierstein oder Kastel – oder im nahen Rheingau, wo viele Dutzend Weinwirtschaften in ihre Gärten oder auf ihre Terrassen laden. Um 5 Uhr ist in Wiesbaden aber mit dem Nachtleben auch am Wochenende Schluss:

## Auf ins Vergnügen
### Wiesbaden am Abend

**EXTRATIPP**

#### Raucher willkommen
Seit März 2010 gilt in hessischen Gaststätten ein **generelles Rauchverbot.** Ausnahme sind „getränkegeprägte Einraumgaststätten", die unter bestimmten Voraussetzungen das Rauchen gestatten können. So zum Beispiel:

- **51** [D3] **Der Eimer,** Wagemannstr. 9, Tel. 0611 3600391, www.der-eimer.de, Mi.–Mo. ab 21 Uhr. Raucherparadies inmitten der Altstadt. In der über 100 Jahre alten Kneipe gibt es Fassbier und einfache Weine.
- **52** [D2] **Litfassäule,** Wagemannstr. 29, Tel. 0611 373850, www.litfassaeule-wiesbaden.de, Mo.–Sa. 17–5, So. 18–5 Uhr. Beliebter Treffpunkt für alle Nachteulen und Raucher.
- **53** [E3] **Schwalbennest,** Wilhelmstr. 40, Tel. 0611 303931, Mo.–Sa. 17–1 Uhr. Gemütliche Pilsstube in der Wilhelms-Passage.

Für mindestens eine Stunde ist gesetzlich Nachtruhe angesagt. Eigens für die Nachtschwärmer verkehren spezielle **Nachtbusse,** die sogenannten Nightliner. Sie sind gewöhnlich bis gegen 0.30 Uhr unterwegs und in der Nacht zu Samstag und Sonntag bis in die ersten vier Morgenstunden.

### Theater, Konzert- und Kleinkunstbühnen

- **54** [D5] **Galli Theater,** Adelheidstr. 21, Tel. 0611 3418999, www.galli-wiesbaden.de. Kleiner Theatersaal, in dem unter anderem Märchen für Kinder und Comedy für Erwachsene angeboten werden.
- **12** [E2] **Hessisches Staatstheater.** Mit über 300.000 Besuchern jährlich zählt das Haus zu den meistbesuchten Bühnen Deutschlands.
- **55** [D1] **Kammerspiele,** Bergkirche Wiesbaden, Lehrstr. 6, Tel. 0611 98827340, www.kammerspiele-wiesbaden.de. Freie Bühne im Nebengebäude der Bergkirche. Auf dem Programm stehen meist zeitbezogene und gesellschaftsrelevante Stücke.
- **56** [D2] **kuenstlerhaus43,** Obere Webergasse 43, Tel. 0611 1724596, www.kuenstlerhaus43.de. Das kleinste Theater der Stadt lockt mit Schauspiel, interaktivem Dinner-Theater, Workshops und Ausstellungen.
- **57** [E4] **Kulturforum Wiesbaden,** Friedrichstr. 16, Tel. 0611 313031. Ein 330 Quadratmeter großer Veranstaltungssaal inmitten der Stadt mit einem kleinen Bistrobereich und variabler Bühne.
- **58** [E2] **Pariser Hoftheater,** Spiegelgasse 9, Tel. 0611 300607, www.pariserhoftheater.de. Im Angebot sind Kabarett und Comedy, aber auch Diskussionen oder Lesungen. Spielzeit ist von September bis Juni.
- **59** [dh] **thalhaus,** Nerotal 18, Kartenvorverkauf: 0611 1851267 (Mo.–Fr. 8.30–19.30, Sa. 8.30–15 Uhr), www.thalhaus.de. Kleinkunstforum im Nerotal mit vielfältigem Programm – vom Improvisationsabend bis zum Klavierkonzert.
- **60** [fh] **Theater Marlionetta,** Schwarzgasse 16, Tel. 0611 508114, www.marlionetta.de. Figurentheater für Jung und Alt. Auf dem Programm stehen Singspiele oder Stücke wie „Peterchens Mondfahrt".

*Das Hessische Staatstheater **12** ist das kulturelle Aushängeschild der Stadt. Seine Schauseite ist die Südfront.*

**61** [ej] **Velvets Theater,** Schwarzenbergstr. 3, Tel. 0611 719971, www.velvets-theater.de. Klassisches Figuren- und Pantomimentheater. Zu den Bestsellern der Bühne gehören Mozarts „Zauberflöte" und „Der kleine Prinz".

**62** [C3] **Walhalla Theater,** Mauritiusstr. 3a, Tel. 0611 9103743, www.walhalla-studio.de. 1897 erbautes Theater in der Innenstadt. Die städtische Bühne bietet heute unter anderem Pop, Rock, Theater und Comedy.

## Filmtheater

Viel Abwechslung bietet Wiesbaden allen Cineasten. Städtische Lichtspielhäuser wie das prachtvoll ausgestattete Caligari und Spezialbühnen wie das Murnau-Filmtheater oder das Biebricher Schloss mit seiner Reihe „Filme im Schloss" zeigen meist Filme, die nicht zu den Blockbustern gehören und trotzdem ihr Publikum verdient haben. Zu den Angeboten für Cineasten gehören auch das renommierte Filmfestival „GoEast" (s. S. 35), das schwul-lesbische Filmfestival „Homonale" (s. S. 124), das „**Internationale Trickfilm-Wochenende**" im Oktober und das „**Fernsehkrimi-Festival**"(s. S. 36).

> **EXTRATIPP**
>
> ### Kultur im Schlachthof
>
> Mit über 100.000 Besuchern jährlich gehört der Schlachthof zu den ersten Freizeit- und Unterhaltungs-Adressen in der hessischen Landeshauptstadt. Pop- und Rock-Fans sind hier ebenso gut aufgehoben wie Freunde von Theater und Comedy. Am letzten August-Wochenende gibt es zudem ein dreitägiges Open-Air-Festival auf dem Schlachthof-Gelände.
>
> **63** [ei] **Kulturzentrum Schlachthof,** Murnaustr. 1, Tel. 0611 974450, www.schlachthof-wiesbaden.de

**64** [E3] **Caligari FilmBühne,** Marktplatz 9, Tel. 0611 315050, www.wiesbaden.de/caligari, Kinokasse: tgl. 17–20.30 Uhr. Anspruchsvolle und abwechslungsreiche Programmgestaltung.

› **Filme im Schloss,** Vorführsaal im Biebricher Schloss **29**, Tel. 0611 840562, www.filme-im-schloss.de. Meist zweimal im Monat zeigt die Deutsche Film- und Medienbewertung in Zusammenarbeit mit dem Kulturamt seltene Filme in den Originalversionen (teilweise mit Untertiteln). Eintritt: 5 €.

**65** [ei] **Murnau-Filmtheater – Deutsches Filmhaus,** Murnaustr. 6, Kartenreservierung: Tel. 0611 9770841 (Mo.–Fr.

## Auf ins Vergnügen
### Wiesbaden am Abend

**EXTRATIPP**

**Jazz im Hof**
Zwischen Juni und August geht es sonntagmorgens im Innenhof des Hessischen Ministeriums für Wissenschaft und Kunst hoch her. Dann spielen Jazzmusiker aus aller Welt auf und Boogie Woogie oder New Orleans Jazz werden „lebendig". Die Bühne ist auf alle Fälle regenfest ...
●66 [E4] **Hessisches Ministerium für Wissenschaft und Kunst**, Luisenstr. 10–12, www.jazz-im-hof.de

10–12 Uhr), www.murnau-filmtheater.de. Das 2009 eröffnete Filmtheater der Murnau-Stiftung zeigt von Mi. bis So. Filme aus seinem Bestand und andere Kinoklassiker. Das Lichtspielhaus mit 100 Sitzplätzen befindet sich auf dem Schlachthofgelände.

### Bars, Bistros

●67 [B3] **Chopan**, Bleichstr. 34, Tel. 0172 7774210, Di.–Sa. ab 20 Uhr. Tea Lounge, Bar und Restaurant im Westend, gelegentlich Livemusik.
●68 [D3] **Lenz**, Wagemannstr. 17, Tel. 0611 14798260, www.lenz-wiesbaden.de, Mo.–Sa. ab 19 Uhr. Kleine Bar mit Cocktails satt. „Moscow Mule" ist des Barmanns Lieblingsmix: viel Wodka, Säfte, Gurke und Minze.
●69 [D1] **Manoamano Bar**, Taunusstraße 31, Tel. 0611 17245818 www.manoamano-bar.de, Mo.–Sa. ab 18.30 Uhr. Modern-elegantes Ambiente, das auch ältere Gäste anzieht.
●70 [D1] **N7**, Nerostr. 7, Tel. 0177 5223601, Fr.–Sa. ab 20 Uhr. Bar und Musiklounge, die vielen Partygängern als Anlaufstation dient. Gelegentlich Veranstaltungen für lesbisches Publikum!
●71 [D5] **Sherry & Port**, Adolfsallee 11, Tel. 0611 373632, www.sherry-und-port.de, tgl. ab 12 Uhr. Seit 30 Jahren verwöhnt die wie ein Pub eingerichtete Kultkneipe ihre Gäste.
●72 [D1] **Spital**, Kochbrunnenplatz 3, Tel. 0611 528830, www.spital-wiesbaden.de, tgl. 10–1 (Fr./Sa. bis 2), Küche bis 22.30 Uhr. Populärer Treff in der alten Brunnenkolonnade. Leselounge und Bar im Obergeschoss. Freitagabends legt ein Diskjockey auf.
●73 [A3] **WestEnd**, Wellritzstr. 24, Tel. 0611 7322833, www.westendcafe.de, Mo.–Fr. ab 12, Sa.–So. ab 10 Uhr. Multi-kulti-Lounge, Bar und Café im Westend. Bundesliga-Fußball und Fernseh-Tatort regelmäßig auf Großleinwand.

### Klubs, Discos und Co.

●74 [D1] **Alibi**, Taunusstr. 27, Tel. 0611 88098252, www.alibi-club.de, Fr.–Sa. 22–5 Uhr. Neuer Klub, der freitags House bietet. Samstags gelegentlich Livemusik. Türsteher achten auf elegante Kleidung!
●75 [ck] **Alte Schmelze**, Alte Schmelze 10, Tel. 0611 562041, www.alte-schmelze.de. Industriebau aus dem 19. Jahrhundert im Stadtteil Schierstein, der heute als Konzertsaal oder Raum für Galas, Seminare und andere Veranstaltungen genutzt wird, häufig auch als Disco.
●76 [D1] **Gestüt Renz**, Nerostr. 24, Tel. 0611 98893283, www.gestuetrenz.com, Do. 20–2, Fr.–Sa. 20–4 Uhr. Beliebter Musikklub, Bar und Lounge. Gemischtes Publikum, das gern tanzt und feiert.
●77 [ei] **Kreativfabrik**, Murnaustr. 2, Tel. 0611 72397877, www.kreativfabrik-wiesbaden.de. Kulturzentrum im ehemaligen Fleischerei-Einkauf des Schlachthofs. Konzerte, Theater, Partys ...
●78 [D1] **Kulturpalast**, Saalgasse 36, Tel. 0611 5325406, www.kulturpalast-wiesbaden.de. Alternatives Kulturzent-

## Wiesbaden für Kunst- und Museumsfreunde

rum in ehemaligem Pferdestall. Im Angebot sind Konzerte, Lesungen, Musikpartys oder Public Viewing.

🚇79 [C3] **Mephistos Bullenstall,** Schwalbacher Str. 51, Tel. 0611 97457833, www.mephistos.de, Mo.–Do. 17–1, Fr.–Sa. 17–2 Uhr. Bei der Jugend beliebte Party-Location im ehemaligen städtischen Bullenstall.

🚇80 [C3] **New Basement,** Schwalbacher Straße 47, Tel. 0611 44775268, www.newbasement.de, Fr.–Sa. 23–5 Uhr. Kleiner Kellerklub für Minimal-, Techno- und House-Fans.

🚇81 [E3] **Park Café,** Wilhelmstraße 36, Tel. 0611 3413246, www.park-cafe-wiesbaden.de, Mi. ab 20, Do. ab 21, Fr.–So. ab 22 Uhr. Klub mit großer Tradition, nobler Einrichtung und hohem Flirtfaktor. Publikum aus dem ganzen Rhein-Main-Gebiet.

🚇82 [D6] **Tanzbrunnen,** Moritzstr. 64, Tel. 0611 374826, www.tanzbrunnen-wi.de, Do. 22–6, Fr. 21–5, Sa. 22–5, So. 15–21 Uhr. Disco-Bar und Partykneipe. Donnerstags Salsa-Party, samstags Ü30-Events mit freiem Eintritt für Frauen, sonntagmittags Tanztee für jedes Alter. Einlass ab 18 Jahren nur in gepflegter Kleidung!

# Wiesbaden für Kunst- und Museumsfreunde

Kulturfreunden bietet Wiesbaden fast rund um die Uhr Programm – auch wenn die **Auswahl an Museen nicht ganz so groß** ist wie in anderen Städten. Wirklich sehenswert ist das **Museum Wiesbaden** ㉑, das sowohl Natur- als auch Kunst-Liebhaber zufriedenstellt. Freunde moderner und aktueller Kunst sind im **Nassauischen Kunstverein** und im **Kunsthaus Wiesbaden** gut aufgehoben. Sinnliche Erfahrungen sammelt man auf **Schloss Freudenberg**, wo unter anderem eine Dunkelbar lockt. Und im **Harlekinäum** in Erbenheim kommen alle auf ihre Kosten, die das Leben von seiner heiteren und humorvollen Seite nehmen.

So bunt wie die Museumslandschaft ist auch das übrige Kulturleben, das renommierte **Chöre und Orchester** prägen. Zum Beispiel das

*Jugendstil-Elemente wie dieses Mosaik zieren viele Häuser aus der Kaiserzeit*

# Auf ins Vergnügen
## Wiesbaden für Kunst- und Museumsfreunde

Museen, die mit einer magentafarbenen Nummer (**21**) als Hauptsehenswürdigkeit ausgewiesen sind, werden im Kapitel „Wiesbaden entdecken" ausführlich beschrieben. Dort finden sich auch alle praktischen Informationen wie Adresse, Öffnungszeiten usw.

**EXTRATIPP**

### Humormuseum
Jedes Jahr finden einige Tausend Menschen den Weg in den Stadtteil Erbenheim, wo sich in einem alten Bauernhof mitten im Ort Deutschlands angeblich einziges **Humormuseum** findet. In acht Sälen haben die Ausstellungsmacher eine schräge Sammlung ausgefallener Ideen zusammengetragen – etwa Ostfriesenbecher mit Henkeln in der Tasse, ein begehbarer Riesenkäse oder ein Badezimmer, in dem sich ein Dschungel ausdehnt. Ebenfalls in Erbenheim findet sich in einem ehemaligen Pfarrhaus das „Harlekin's Klooseum – Museum of Modern Arsch": eine skurrile Sammlung an Klobürsten, Nachttöpfen, Furzkissen und Klorollen. Auch der „Arsch mit Ohren" gehört zu den gut tausend Exponaten der kleinen Ausstellung, die nur in Gruppen von maximal acht Personen durchstreift werden kann.

**87 Harlekinäum,** Wandersmannstr. 39, Tel. 0611 74001, www.harlekinaeum-wiesbaden.de, So. 11.11–17.17 Uhr (April–August), Eintritt: 3,99 (Kinder: 2,99) €

**88 Harlekin's Klooseum – Museum of Modern Arsch,** Wandersmannstraße 2b, www.klooseum.de, So. 11.11–17.17 Uhr (April–August), Eintritt 4,99 €

Hessische Staatsorchester oder das Johann-Strauß-Orchester Wiesbaden – und die Schiersteiner Kantorei, die sich vor allem der Musik Johann Sebastian Bachs verschrieben hat. Und nicht zuletzt pflegen Dutzende literarischer und wissenschaftlicher Gesellschaften, Gesangvereine, Kirchenmusiken, Spielmannszüge und andere Vereine das kulturelle Erbe der Stadt.
> Infos unter www.wiesbaden.de („Kultur")

## Museen

**83** [D2] **Aktives Museum Spiegelgasse für Deutsch-Jüdische Geschichte in Wiesbaden,** Spiegelgasse 11, Tel. 0611 305221, www.am-spiegelgasse.de, Do.–Fr. 16–18, Sa. 11–13 Uhr und auf Anfrage, Eintritt frei. Im ältesten noch erhaltenen jüdischen Wohnhaus der Stadt informieren Wechselausstellungen über den jüdischen Alltag.

**84** [B4] **frauen museum wiesbaden,** Wörthstraße 5, Tel. 0611 3081763, Mi.–Do. 10–17, Sa.–So. 12–17 Uhr, 6 €. Themenübergreifendes Museum zur Stellung der Frau in Geschichte, Gesellschaft, Wissenschaft und Kultur.

**85** [C2] **Kunsthaus Wiesbaden,** Schulberg 10, Tel. 0611 45046810, www.kunsthauswiesbaden.org, Di.–Mi., Fr.–So. 11–17, Do. 11–19 Uhr. Kunsthalle am Altstadtrand mit ständigen Wechselausstellungen zu vorwiegend moderner oder zeitgenössischer Kunst, gelegentlich auch Konzerte und andere Veranstaltungen.

**21** [E5] **Museum Wiesbaden.** Ein Muss für alle Kunst- und Naturliebhaber, aber auch für Freunde expressionistischer und moderner Kunst.

**86** [E4] **Nassauischer Kunstverein,** Wilhelmstr. 15, Tel. 0611 301136, www.kunstverein-wiesbaden.de, Di. 14–20, Mi.–Fr. 14–18, Sa.–So. 11–18 Uhr, 5 €. Der Nassauische Kunstverein (NKV)

## Auf ins Vergnügen
### Wiesbaden für Kunst- und Museumsfreunde

wurde 1847 von Bürgern der Stadt als „Gesellschaft der Freunde der bildenden Kunst im Herzogtum Nassau" gegründet und wurde schnell zum mitgliederstärksten Verein der Stadt. Heute präsentiert er in Wechselausstellungen junge und experimentelle Kunst.

㉝ [bi] **Schloss Freudenberg.** Um sinnliche Erfahrungen dreht sich alles im Schloss Freudenberg. „Für Menschen von 3 bis 103" werben die Organisatoren des Museums für ihr Haus.

## Kunstgalerien

🅖89 [C7] **DAVISKLEMMGallery,** Kaiser-Friedrich-Ring 63, Tel. 0611 8120969, www.davisklemmgallery.de, Di.–Fr. 13–18, Sa. 11–15 Uhr. Renommierte Galerie mit junger, vorwiegend zeitgenössischer Kunst.

🅖90 [C6] **Gallery 21,** Luxemburgstr. 6, Tel. 0611 3086111, www.gallery21.de, Di.–Do. 15–18, Fr. 12–18, Sa. 10–15 Uhr. Zeitgenössische Kunst vor allem aus Osteuropa.

🅖91 [D1] **Galerie Cerny + Partner,** Saalgasse 36, Tel. 0611 53288, www.cernyundpartner.de, Di.–Fr. 12–19, Sa. 11–15 Uhr. Vorwiegend zeitgenössische Kunst.

🅖92 [D1] **Galerie Haasner,** Saalgasse 38, Tel. 0611 51422, www.galerie-haasner.de, Di.–Fr. 14–19, Sa. 11–15 Uhr. Zeitgenössische Malerei, Grafiken und Skulpturen von 1960 bis zur Gegenwart.

🅖93 [dh] **Galerie Rother Winter,** Taunusstr. 52, Tel. 0611 379967, www.galerie-winter.de, Di.–Fr. 11–18, Sa. 14–18 Uhr. Zeitgenössische Malerei und Skulpturen.

🅖94 [D1] **Kunsthandel Rudolf W. Steinmann,** Nerostr. 2, Tel. 0172 9141095, Mo.–Fr. 11–19, Sa. 11–15 Uhr. Auf *tribal art,* vorwiegend afrikanische und südamerikanische Volkskunst, spezialisierte Galerie im Stadtzentrum.

> **EXTRATIPP**
>
> **Kunst zum Leihen und Verschenken**
>
> Sie sind Bürger der Stadt bzw. der Region und suchen ein Kunstwerk: Gemälde, Grafiken, Objekte oder Plastiken? Ein Original? Dann hilft Ihnen die Artothek im Kunsthaus Wiesbaden, eine Einrichtung des Kulturamts. Für ein halbes Jahr kann dort jeder Bürger der Stadt und der Region gegen eine Gebühr Kunst ausleihen. Kunst für das Wohnzimmer, aber auch für Praxen und Büroräume. Die Leihgebühren starten bei 10 Euro für Rentner und Schüler. Alle Objekte stammen aus dem Bestand der Städtischen Kunstsammlungen, die regelmäßig neue Arbeiten aufkaufen.
>
> › **Artothek Wiesbaden,** Kunsthaus Wiesbaden (s. S. 30), Tel. 0611 58027828, www.wiesbaden.de/artothek, Di.–Mi. 11–17, Do. 11–19 und jeden ersten Sa. im Monat 11–14 Uhr

## Kunst unter freiem Himmel

**Moderne Kunst** paart sich in Wiesbaden und seinen Vororten mit **wilhelminischen Denkmälern.** Manche verkörpern geschichtlich Großes, andere menschlich Amüsantes. Historische Brunnen finden sich neben Statuen und Skulpturen der Gegenwart. Rar sind allerdings religiöse Zeugnisse auf Straßen oder Plätzen. Da spürt jeder, dass Wiesbadens öffentlicher Raum Jahrhunderte lang protestantisch geprägt war – ganz im Gegensatz zum katholischen Mainz auf der anderen Seite des Rheins.

Viele **Denkmäler** und **Skulpturen** stehen in den Parks oder vor Museen und Bibliotheken. So thront **Goethe** vor dem Museum Wiesbaden ㉑,

# Auf ins Vergnügen
## Wiesbaden zum Träumen und Entspannen

Gutenberg vor der Landesbibliothek ㉖. **Schiller** ziert die Front des Staatsheaters ⑫, Wilhelm von Oranien die Schokoladenseite der Marktkirche ⑤. **Kaiser Friedrich III.**, der nur 99 Tage regierte, findet sich vor dem Hotel Nassauer Hof (s. S. 127), sein Vorgänger, **Wilhelm I.**, im Park am Warmen Damm ⑭. Große Monumente trifft der Besucher auch auf dem Luisenplatz ㉕ und im Nerotal-Park [dh].

Moderner sind die kleineren Objekte – so wie die „**Spielende(n) Hengste**" am Warmen Damm, eine 1962 entstandene Bronzeplastik des Bildhauers Gerhard Marcks, oder den „**Flötenspieler**" im Kurpark, ebenfalls eine Bronzeplastik, die Walter Wadepuhl 1965 schuf. Vom russischen Bildhauer Gabriel Glikmann stammt die Statue des mit Wiesbaden besonders verbundenen Schriftstellers **Fjodor Dostojewski**, die seit 1996 am Nizzaplätzchen im Kurpark ⑬ steht. Und vor der Hessischen Staatskanzlei am Kochbrunnen ⑩ findet sich die 2008 geschaffene „**Löwenmähne**", eine Arbeit des vielfach ausgezeichneten Bildhauers und Malers Thomas Virnich. **Graffiti-Liebhaber** kommen in Mainz-Kastel ㉛ auf ihre Kosten, wo die Gegend rund um den Hochkreisel im Rahmen eines Festivals jährlich mit neuen, zum Teil meterhohen Graffiti künstlerisch neu gestaltet wird.

# Wiesbaden zum Träumen und Entspannen

*Plätze zum Abschalten, zum Träumen und Entspannen hat Wiesbaden mehr als genug: Offiziell weist die Stadt 133 Grünanlagen mit insgesamt 1.280.000 Quadratmetern Fläche aus, dazu fast noch einmal so viel Raum auf den 21 Friedhöfen der Stadt. Hinzu kommt der riesige Stadtwald im Westen und Norden, der fast ein Viertel des Stadtgebiets ausmacht. Am wichtigsten aber sind die schon zu wilhelminischen Zeiten angelegten Erholungsgebiete.*

So stehen **Kurpark** ⑬ und **Neroberg** ⑲, wo es neben einem Waldlehrpfad auch einen Kletterwald gibt, ganz oben auf der Freizeitliste. Ein schönes Plätzchen zum Auftanken sind auch der **große Park hinter**

◁ *Kunstvollen Graffiti begegnet man in Wiesbaden immer wieder*

▷ *Der Kurpark* ⑬*: Wiesbadens Hotspot zum Träumen und Entspannen*

## Auf ins Vergnügen
### Wiesbaden zum Träumen und Entspannen

dem **Biebricher Schloss** ㉙ – oder die **Uferpromenaden** in **Biebrich** ㉘, **Kastel** ㉛ und **Schierstein** ㉚, die das ganze Jahr über zum Bummeln und Spazierengehen laden.

Zu den wichtigsten grünen Lungen Wiesbadens gehört das **Nerotal** ⑰ mit seinen Parkanlagen, die längst unter Denkmalschutz stehen. Sie wurden Ende des 19. Jahrhunderts nach dem Vorbild englischer Landschaftsgärten für die Kurgäste angelegt und zählten damals fast 6000 Pflanzen aus aller Herren Länder. Viele Pflanzen bietet auch das **Aukammtal** zwischen Kurpark und Bierstadt. Hier wurde in den 1970er-Jahren eine Parkanlage geschaffen, durch die der Aukammbach in einem künstlich geschaffenen Lauf fließt.

Rund 250 Heilpflanzen wachsen im „Apothekergarten" mit seinen mittelalterlichen Klostergärten nachempfundenen Beeten. Schilder nennen die Namen der Pflanzen und verraten ihre heilende Wirkung etwa bei Leber- und Gallenbeschwerden, Verdauungs- oder Herzproblemen. Von Ende Mai bis Mitte September begleiten jeden Samstagnachmittag um 15 Uhr sachkundige Apotheker Besucher durch den Pflanzengarten (kostenlos). Von Mitte Mai bis Anfang Oktober öffnet er täglich um acht Uhr seine Pforten, die bei Sonnenuntergang wieder geschlossen werden.

●95 [fh] **Apothekergarten,**
 Aukammallee 39

Ganz nostalgisch geht es im **Luft- und Sonnenbad Unter den Eichen** (s. S. 122) im Norden von Wiesbaden zu. Große, von Bäumen gesäumte Liegeflächen locken schon im Frühjahr die ersten Sonnenanbeter. Für Kinder gibt es auf dem

# Auf ins Vergnügen
## Zur richtigen Zeit am richtigen Ort

**EXTRATIPP**

### Der erste Kaffee
Wiesbadens traditionsreichstes Café lockt seit 1859 die Genießer inmitten der Stadt. Auch wenn man erst vor Kurzem renoviert hat, lebt hier noch immer der Geist der wilhelminischen Kurstadt. Nicht Reisegruppen geben hier den Ton an, sondern Individualisten, die oft erst aufstehen, wenn die Mehrheit schon längst angefangen hat zu arbeiten. Nostalgie mischt sich im Maldaner mit Wiener Charme. Da reicht es manchem auch, zu seinem Kaffee nur die Tageszeitung zu lesen. Frühstück light sozusagen – kalorienarm und bildungsreich.
◯96 [D3] **Café Maldaner,** Marktstr. 34, Tel. 0611 305214, www.cafe-maldaner.de, Mo.-Sa. 8.30–19, So. 10–18 Uhr

34.000 Quadratmeter großen Gelände einen eigenen Spielplatz und ein großes Planschbecken. Viel frische Luft bieten auch die Täler in Wiesbadens Norden – so wie das **Goldsteintal**, das zum Teil als Landschaftspark ausgewiesen ist.

Mitten im Rhein liegt die **Rettbergsaue** [c/dk]. Viele seltene Vögel und Pflanzen haben hier eine Heimat gefunden, weshalb das Inselgebiet gegenüber von Biebrich und Schierstein großteils Naturschutzgebiet ist. Im Sommer sind die weißen **Sandstrände am Rheinufer** Publikumsmagnet. Neben Bolzplätzen locken dort auch Spielflächen für Volley- und Basketballer sowie einige Grillplätze. Da wegen des Neubaus der Schiersteiner Brücke zurzeit kein fester Zugang zur Insel möglich ist, bietet die Personenfähre „Tamara" die einzige Möglichkeit, um auf die Rettbergsaue zu kommen. Schierstein ㉚ ist ihr Heimathafen.

Von den vielen Wiesbadener **Friedhöfen** ist der Nordfriedhof für Städte-Bummler einer der interessantesten. Der 1877 geschaffene, zweitgrößte Begräbnispark der Stadt besitzt zahlreiche denkmalgeschützte Gräber und noch mehr wertvolle Bäume und Sträucher.
●97 [dg] **Nordfriedhof,** Platter Str. 83

# Zur richtigen Zeit am richtigen Ort

Wiesbadens Festleben ist bunt und vielfältig. Großveranstaltungen bringen Jahr für Jahr Hunderttausende von Menschen auf die Beine. Den größten Zulauf hat der Weihnachtsmarkt, der in Wiesbaden Sternschnuppenmarkt heißt. Er ist inzwischen auch Ziel zahlloser Bustouristen, die für ein paar Stunden zu Füßen der Marktkirche Weihnachtsluft schnuppern wollen. Weitere Höhepunkte im jährlichen Festreigen sind das Wilhelmstraßenfest oder die Rheingauer Weinwoche, die alle Freunde eines guten Tropfens im Herzen der Stadt vereint. Zu Pfingsten trifft sich die Weltelite der Reiter rund um das Biebricher Schloss zum Wettstreit. Gefeiert wird aber auch gern in den Vororten, wo es besonders volksnah zugeht. Einen ausführlichen, tagesaktuellen **Veranstaltungskalender** gibt es online unter www.wiesbaden.de/leben-in-wiesbaden/freizeit/veranstaltungskalender.

## Frühling und Sommer

❯ **Ostermarkt:** Zwei Wochen vor Ostern treffen sich Jung und Alt rund um den Mauritiusplatz zum Einkauf von Ostergeschenken, die an knapp einhundert

Ständen angeboten werden (März/April, www.wiesbaden.de).
> **goEast – Festival des Mittel- und Osteuropäischen Films:** Das 2001 vom Deutschen Filminstitut gegründete Filmfestival ist ein gewichtiger Mittler zwischen west- und osteuropäischer Filmkunst (April, www.filmfestival-goeast.de).
> **Internationale Maifestspiele:** Angesehenes Theaterfestival mit über 100-jähriger Tradition. Im Angebot sind Schauspiel, Oper, Konzerte, Musicals und Tanztheater, aber auch Comedy, Autorenlesungen und Filmvorführungen (April/Mai, www.maifestspiele.de).
> **Kranzplatzfest:** Musik rund um den Kochbrunnen und Floh- sowie Künstlermarkt. Fünf Tage Party zwischen Kochbrunnen und Saalgasse (Mai/Juni, www.kranzplatzfest-wiesbaden.de).

## Sternschnuppenmarkt

*Er ist erst ein gutes Jahrzehnt alt und trotzdem schon traditionsreich: der Wiesbadener Sternschnuppenmarkt. Bundesweit gilt er als einer der schönsten Weihnachtsmärkte. Von Ende November an lockt die riesige Budenstadt um Marktkirche ❺ und Neuem Rathaus ❸ die Massen. Vier gewaltige Portale, flankiert von meterhohen, leuchtenden Lilien, den Zeichen des Wiesbadener Stadtwappens, weisen den Weg zum Markt. Die Buden sind blau und golden und damit in den traditionellen Farben der Grafen von Nassau, die Wiesbaden über Jahrhunderte regierten, gestrichen.*

*Der Markt öffnet täglich um 10.30 Uhr und sonntags um 12 Uhr seine Pforten. Dann kommt Leben in und um die mehr als 120 Buden auf und die weihnachtlich gestimmten Herzen schlagen höher. Christbaumkugeln und Rauschgoldengel gibt es zu kaufen, wärmende Kleidung und Schmuck aller Art: von der Bernsteinkette bis zum Silberarmband, von der einfachen Glasperle bis zum teuren Opal. Händler aus Nordafrika offerieren orientalische Lampen, Keramik und Accessoires. Engel und Krippenfiguren gibt es gleich massenweise, ebenso Christbaumschmuck für jeden Geldbeutel. Leckerschlecker finden selbst gebrannte Liköre, hausgemachte Weihnachtsplätzchen und Stollen, feinsten Senf und andere Gewürze, Honig, Pralinen oder geräucherte Würste.*

*Hungern oder gar Verdursten muss niemand. So sorgen mehr als ein Dutzend Stände für das leibliche Wohl. Glühwein wird in jährlich neu gefertigten Tassen ausgeschenkt, die wegen ihrer Stadtmotive längst Sammlerwert haben. Bratwürste und Grillspezialitäten ersetzen Mittag- oder Abendessen. Süßmäuler können sich auf Kaiserschmarrn oder Crêpes freuen. Und natürlich hilft das eine oder andere Schnäpschen bei der Verdauung.*

*Treffpunkt der Sternschnuppenmarkt-Bummler ist der rund 25 Meter hohe Weihnachtsbaum neben der Krippe mit ihren lebensgroßen Holzfiguren. Mittags und abends sorgen Chöre und Orchester für musikalische Abwechslung, Posaunen, Flöten und Trompeten stimmen auf Weihnachten ein. Schul- und Kinderchöre singen besinnliche Lieder. Märchenerzähler und Zauberer halten nicht nur Kinder bei Laune. Und in der Marktkirche gibt es täglich um 17.45 Uhr ein kleines Orgelkonzert, dem eine kurze Adventsandacht folgt.*

> *Ende Nov.–Dez., www.wiesbaden.de*

# Auf ins Vergnügen
## Zur richtigen Zeit am richtigen Ort

› **Äppelblütefest:** Seit mehr als einem halben Jahrhundert feiert Naurod seine Apfelblüte. Dann schenken die Straußwirtschaften ihren hausgemachten Apfelwein aus. Höhepunkt ist ein Festumzug (Mai, www.nauroder.de).

› **Internationales Wiesbadener PfingstTurnier:** Im Biebricher Schlosspark trifft sich traditionell über Pfingsten die Weltelite der Spring- und Dressurreiter, ein gesellschaftliches Ereignis von Rang (Pfingsten, www.pfingstturnier.org).

› **Wilhelmstraßenfest (Theatrium):** Die Wilhelmstraße als Festmeile, zwei Tage Feier rund um das Staatstheater. Zum Programm gehören Konzerte und ein großer Kunsthandwerksmarkt (Juni, www.wiesbaden.de).

› **Meeting of Styles:** Internationales Graffiti-Festival im Vorort Kastel. Schauplatz ist das Gelände um den Hochkreisel (Juni, www.graffiti-rhein-main.de).

› **Rheingau Musik Festival:** Mit mehr als 100.000 Besuchern ist die Veranstaltung eines der renommiertesten internationalen Musikfestivals. Spielstätten sind Hallen, Kirchen, Weingüter und Konzertsäle in Wiesbaden und im Rheingau (Juni–August, www.rheingau-musik-festival.de).

› **Schiersteiner Hafenfest:** Seit über 65 Jahren feiert Schierstein mit Bootskorso und Drachenbootregatta sein Hafenfest. Krönung des Festwochenendes ist ein Feuerwerk am Montagabend (Juli, www.schierstein.com).

› **Rheingauer Weinwoche:** Musik- und andere Unterhaltungsprogramme treiben täglich Tausende zu den über einhundert Wein- und Sektständen rund um die Marktkirche, da können Sommerabende recht lang werden (August, www.rheingau.de).

› **Stadtfest:** Das Amt für Wirtschaft und Liegenschaften belebt Ende September vier Tage lang die Stadt mit Kunst und Kultur, Konzerten und Ausstellungen (September, www.wiesbaden.de).

## Herbst und Winter

› **European Youth Circus:** Alle zwei Jahre (2014, 2016 etc.) – geben sich junge Artisten auf dem Dern'schen Gelände ein Stelldichein. Das Festival gilt als eine der renommiertesten Artistenbörsen Europas (November, www.wiesbaden.de/circusfestival).

› **Silvester im Kurhaus:** Mit einer großen Party feiert Wiesbaden ins neue Jahr. Traditioneller Treffpunkt ist das Kurhaus (31.Dez., www.wiesbaden.de).

› **Fastnacht:** Närrisches Treiben in der Stadt und ihren Vororten mit Sitzungen, Umzügen und Bällen. Höhepunkte des Straßenkarnevals sind die Umzüge am Samstag in Kastel und am Sonntag in Wiesbaden (Februar oder März, www.dacho.de).

› **Fernsehkrimi-Festival:** Einmal jährlich kürt Wiesbaden die besten Fernsehkrimis des Jahres. Vielfältiges Rahmenprogramm (März, www.wiesbaden.de).

△ *Bei der Rheingauer Weinwoche gibt es rund ums Rathaus Musik*

# Am Puls der Stadt

# Das Antlitz der Stadt

*Wilhelminische Prachtbauten und Boulevards, ein markantes Kurhaus, eine Russisch-Orthodoxe Kirche, ein renommiertes Staatstheater, ein mit Millionenaufwand renovierter Bahnhof, ein aufgemöbeltes Stadtschloss und eine mehr als hundert Jahre alte Bergbahn auf den Neroberg, Wiesbadens Hausberg, prägen heute das touristische Bild der Stadt. Aus dem frühmittelalterlichen Wisibada, einer landwirtschaftlich geprägten Siedlung zu Füßen des Taunus, ist längst eine stolze Landeshauptstadt geworden: eine Metropole mit 280.000 Einwohnern mitten im Rhein-Main-Gebiet.*

◁ *Vorseite: Die drei Lilien sind Wiesbadens Stadtwappen (s. S. 41)*

▽ *Das am Rhein gelegene Schloss Biebrich* ㉙ *gehört zu den sehenswertesten Bauten der Stadt*

Weniger großstädtisch geht es in den vielen Vororten zu, welche die Stadt umschließen. So streckt Wiesbaden seine Fühler im Westen bis weit in den Rheingau und im Osten Richtung Frankfurt aus. Im Norden bilden die **Taunusberge** und im Süden der **Rhein** die natürliche Grenze. Ausgedehnte **Wälder** gehören ebenso zur Stadt wie **Wiesen** und **Uferpromenaden**. Auf mehr als 10 Kilometern bildet allein der Rhein die Stadtgrenze, jener Strom, den der Taunus zu einem scharfen Knick nach Westen zwingt, ehe er bei Bingen seinen Weg Richtung Norden fortsetzen kann.

Die fast zwei Dutzend **Vororte** Wiesbadens wurden alle erst im letzten Jahrhundert eingemeindet und sind heute zu einem Großteil mit der Kernstadt verwachsen. **Sonnenberg** und die am Rhein gelegenen Gemeinden **Schierstein** und **Biebrich** wurden 1926 als erste eingemeindet – zum Unmut der Mainzer, die neidisch waren, dass Wiesbaden jetzt erstmals auch am Rhein lag. Zwei Jahre später kamen Bierstadt, Dotzheim, Erbenheim, Frauenstein, Heßloch, Igstadt,

## Am Puls der Stadt
### Das Antlitz der Stadt

Kloppenheim und Rambach hinzu, damals fast allesamt kleine Dörfer. Die sogenannten AKK-Gemeinden – Amöneburg, Kastel und Kostheim, die einst zu Mainz gehörten – schlug die amerikanische Besatzungsmacht nach Kriegsende der Wiesbadener Verwaltung zu. Und 1977 kamen schließlich noch Auringen, Breckenheim, Delkenheim, Medenbach, Naurod und Nordenstadt hinzu, wodurch sich Wiesbaden noch einmal kräftig Richtung Osten streckte.

Den **Kern der Stadt** bilden die sechs Ortsbezirke Mitte, Nordost, Südost, Westend, das sogenannte Rheingauviertel und Klarenthal im Wiesbadener Norden, das sich selbstbewusst „Das grüne Tor nach Wiesbaden" nennt. Die Siedlung für über 10.000 Einwohner wurde in den 1960er-Jahren auf einer freien Ackerfläche sozusagen aus dem Boden gestampft.

Neben Frankfurt, Darmstadt und Mainz gehört Wiesbaden zu den **Kernstädten des Rhein-Main-Gebiets**, in dem sich mehr als fünf Millionen Menschen ballen. Auch wenn das Wiesbadener Westend als eines der am dichtest besiedelten deutschen Viertel gilt, leben im gesamten Stadtgebiet mit seinen vielen Wald- und Wiesenflächen nur knapp 1340 Einwohner je Quadratkilometer.

Und noch ein paar Fakten für Statistikfreunde: Der **höchste Punkt der Stadt** liegt mit genau 608 Metern in der Nähe der Hohen Wurzel auf dem Rheinhöhenweg im Taunus. Der **tiefs-**

> **EXTRAINFO**
> **Die Stadt in Zahlen**
> › **Einwohner:** 280.000
> › **Einwohner/km²:** 1337
> › **Fläche:** 203,9 km²
> › **Höhe ü. M.:** 115 m
> › **Kfz-Kennzeichen:** WI

> **KURZ & KNAPP**
> **Originalton**
> „Das ist meine Fünfsternestadt: Wasser, Wiesen, Wälder, Wein und Wohlbehagen."
> Helmut Schön, ehemaliger Fußball-Bundestrainer

022wb Abb.: fo©World travel images

te **Punkt** ist die Hafeneinfahrt von Schierstein mit 83 Metern über Normalnull. Das gesamte **Stadtgebiet** hat eine Größe von 204 Quadratkilometern und misst von Nord nach Süd 17,6 Kilometer und von West nach Ost 19,7 Kilometer.

# Von den Anfängen bis zur Gegenwart

*Auch wenn die Stadt schon zur Römerzeit besiedelt war, zu einer richtigen Metropole wurde Wiesbaden erst 1905, als man die Grenze von 100.000 Einwohnern knackte. Jahrhundertelang zeigte sich das frühmittelalterliche „Wisibada" mehr als Dorf denn als Stadt und Kaiser und Könige machten meist nur auf der Durchreise Station. Erst im wilhelminischen Zeitalter rückte das „Nizza des Nordens" in den Blickpunkt der Weltöffentlichkeit, als Deutschlands Kaiser hier Hof hielten.*

Zwar siedelten in der Region schon zur Jungsteinzeit erstmals Menschen, greifbar aber wird Wiesbadens Geschichte erst mit den **Römern**. Schon die schätzten die heißen Quellen zu Füßen des Taunus, was den Bau von Thermen und einer kleinen Siedlung zur Folge hatte. Als **Aquae Mattiacorum** fand diese schließlich Erwähnung. Der Name verwies auf die Mattiaker, einen mit den Römern verbündeten germanischen Stamm. Es war die erste Blütezeit Wiesbadens und der Limes, ein gewaltiger Grenzwall, schützte die Römersiedlung vor feindlichen Angriffen – bis sie Mitte des dritten Jahrhunderts von den Alemannen überrannt wurde.

Geläutert durch die kriegerische Attacke schützten die Römer ihre Siedlung mit der sogenannten **Heidenmauer** ❽, dem ältesten heute noch erhaltenen Bauwerk Wiesbadens. Spätestens mit dem Untergang des weströmischen Reichs aber waren die Tage der Römer gezählt. Mitte des ersten Jahrtausends übernahmen die christlich geprägten Franken die Herrschaft. Aus dem römischen Aquae Mattiacorum wurde **Wisibada**, das heutige Wiesbaden. Erstmals erwähnte Einhard, der Berater und Biograf Karls des Großen, diesen Namen Mitte des 9. Jahrhunderts.

Große Schlagzeilen machte Wiesbaden im Mittelalter nicht. Das Dorf im fränkischen „Königssondergau" war gewöhnlich nur als *villa in finibus Magontiae,* also als Dorf in der Umgebung von Mainz, bekannt. Schließlich übernahmen die **Grafen von Nassau** als Lehensträger des Königs die Herrschaft – und mit ihnen kam der protestantische Glaube, als am 1. Januar 1543 ein lutherischer Eiferer zum Stadtpfarrer Wiesbadens ernannt wurde. Damals wurden die hinteren Kirchenbänke zu sogenannten „Ehebrecherstühlen" erklärt, auf denen alle Platz nehmen mussten, die sich „mit groben Lastern, sonderlich mit Sünden wider das sechste Gebot beflecket" hatten. Es war der Anfang einer Entwicklung, die Wiesbaden als protestantische Stadt bis heute prägt.

Mit dem **Bau des Alten Rathauses** ❷ Anfang des 17. Jahrhunderts zeigte Wiesbaden erstmals Selbstbewusstsein – auch wenn die Stadt damals noch immer **bäuerlich geprägt** war. Mehr als die Hälfte der Bevölkerung besaß Schweine, Kühe, Pferde oder Schafe. Vieh, das morgens aus der Stadt und abends wieder heimgetrieben wurde. Dieses Bild bestimmte anfangs auch das Leben in der **Kurstadt**, die sich mit dem Bau von The-

# Am Puls der Stadt
## Von den Anfängen bis zur Gegenwart

atersälen und Kuranlagen bis Mitte des 19. Jahrhunderts schließlich zur „Welt-Cur-Stadt" mauserte.

1866 verlor Wiesbaden seinen Status als Hauptstadt des souveränen Herzogtums Nassau. Als **kreisfreie Stadt im preußischen Reich** kam aber jetzt der große Aufschwung. Offiziere, Beamte und wohlhabende Rentner entdeckten Wiesbaden als Alterssitz. Vornehme Villen entstanden, repräsentative Bürgerhäuser und prunkvolle Flanieranlagen. Bis zum Ersten Weltkrieg stieg die Zahl der Gäste auf mehr als 200.000 Besucher jährlich an.

Mit Beginn des **Ersten Weltkriegs** verwandelte sich Wiesbaden von der Kur- in eine Lazarettstadt. Statt zahlungskräftiger Kurgäste wurden an der Front Verwundete betreut. Gäste blieben aus, viele reiche Rentner zogen fort, die Stadt wurde ärmer. Daran änderten auch zahlreiche Eingemeindungen in den 1920er-Jahren wenig. Zu leiden hatte Wiesbaden auch in der anschließenden **Weltwirtschaftskrise.** Zehntausende lebten jetzt von Sozialhilfe oder anderer öffentlicher Unterstützung. Ein politisches Klima, in dem die **Nationalsozialisten** an die Macht gelangten, die jedem Arbeit und damit ein Einkommen versprachen. Bei der Reichstagswahl 1933 wählte jeder zweite Einwohner die Partei Hitlers.

**Nach dem Zweiten Weltkrieg** besetzten 1945 US-Truppen die Stadt und schlugen die rechtsrheinischen, ehemaligen Mainzer Vororte Amöneburg, Kastel und Kostheim Wiesbaden zu. Wenig später machte General Eisenhower Wiesbaden zur Hauptstadt Groß-Hessens, aus dem schließlich das neue **Bundesland Hessen** wurde. Gegenüber seinem Konkurrenten Frankfurt konnte Wies-

## Drei Lilien – Wiesbadens Stadtwappen

*Das offizielle Stadtwappen Wiesbadens zeigt einen Schild mit drei gelben Lilien auf blauem Grund. Ursprünglich zierte ein goldener Löwe im blauen Feld die städtischen Wappen und Siegel. Den sogenannten nassauischen Löwen aber wertet die Wissenschaft heute nicht als stolzes Zeichen städtischen Selbstbewusstseins, sondern als Symbol der Abhängigkeit von den Landesherren, den nassauischen Grafen. Um sich von denen abzugrenzen, schuf man im frühesten 16. Jahrhundert ein neues Stadtsiegel, das neben dem Löwen drei große Lilien zeigte. Darin wollen nicht nur Lokalpatrioten das erste Zeugnis eines eigenständigen Wiesbadener Wappens sehen. Wie auch immer: Mit der Zeit jedenfalls verschwand der Löwe aus dem Stadtwappen, bis er 1905 auch ganz offiziell aus dem städtischen Wappen verbannt wurde.*

baden damals mit seiner Infrastruktur punkten, hatte der Krieg der Stadt doch weit weniger Zerstörung gebracht als andernorts. Ein Standortvorteil, der auch mit der Ansiedlung zweier Bundesbehörden belohnt wurde: dem Statistischen Bundesamt und dem Bundeskriminalamt.

Im Wettbewerb mit anderen deutschen Metropolen positionierte sich Wiesbaden in der Nachkriegszeit als **Messe- und Kongressstadt.** Zudem entdeckten immer mehr **Dienstleister** wie Banken oder Versicherungen, aber auch **moderne Technologiefirmen** die Stadt. Zur wirtschaftlichen Stabilität trugen auch die vielen Hun-

# Am Puls der Stadt
## Von den Anfängen bis zur Gegenwart

derttausend **US-Soldaten** bei, die seit Kriegsende in Wiesbaden und Umgebung stationiert waren, vor allem auf dem Militärflughafen Erbenheim, von wo während der Berlin-Blockade die sogenannten Rosinenbomber zu ihren Versorgungsflügen starteten.

Heute bietet Wiesbaden mehr als einhunderttausend sozialversicherungspflichtige Arbeitsplätze, dazu Zehntausende anderer Jobs. Acht von zehn Beschäftigten arbeiten im Dienstleistungsbereich, nur jeder zehnte im verarbeitenden Gewerbe. Mit fast 23.000 Euro je Einwohner gehört Wiesbaden zu den Städten mit **überdurchschnittlicher Kaufkraft**. Noch, muss man aber sagen, denn der wirtschaftliche und demografische Wandel stellt auch Wiesbaden vor neue Probleme, wie die steigenden Sozialhilfeleistungen andeuten.

## Stadtgeschichte in Zahlen

**50**: Plinius erwähnt die heißen Quellen der Mattiaker.
**um 370**: Bau der römischen Heidenmauer
**965**: Kaiser Otto der Große besucht die Stadt.
**1236**: Kaiser Friedrich II. feiert Pfingsten in Wiesbaden.
**1379**: Erste Erwähnung des Andreasmarktes
**1442**: Kaiser Friedrich III. macht Badeurlaub in der Stadt.
**1488**: Neubau der Mauritiuskirche
**1550**: Wiesbaden zählt rund 1000 Einwohner.
**1609**: Bau des alten Rathauses, das bis heute existiert
**1770**: Gründung des ersten Wiesbadener Wochenblatts
**1795**: Erste Straßenlaternen erhellen die Stadt.
**1806**: Wiesbaden wird Hauptstadt des Herzogtums Nassau.
**1814**: Die Stadtpolizei verfügt erstmals ein Tempolimit: Kutscher dürfen nur Schritttempo fahren.
**1825**: Erstmals legt ein Dampfschiff in Biebrich an.
**1848**: 30.000 Bürger verlangen im Zuge der Märzrevolution mehr Rechte.
**1861**: Auf der Biebricher Höhe fällt ein Wolf Spaziergänger an.
**1866**: Wiesbaden wird preußisch.
**1882**: Der große Kursaal wird erstmals elektrisch beleuchtet.
**1894**: Eröffnung des neuen Theaters, heute das Hessische Staatstheater
**1905**: Wiesbaden wird mit mehr als 100.000 Einwohnern zur Großstadt.
**1907**: Einweihung des neuen Kurhauses
**1934**: Eröffnung des Opelbades
**1945**: Die amerikanische Militärregierung übernimmt die Verwaltung.
**1950**: Einweihung der wiederhergestellten Straßenbrücke von Kastel nach Mainz
**2007**: Aufstieg des Fußballklubs Wehen-Wiesbaden in die Zweite Fußballbundesliga (bis 2009)
**ab 2014**: Abriss und Neubau der Rhein-Main-Hallen

## Sagenhaft: Ekko und der Drache

*Eine ganz andere Stadtgeschichte schreibt die Sage vom friedfertigen Riesen Ekko, der einst in der Gegend gelebt haben soll. Zu schaffen machte ihm nur ein böser Drache, der Feuer und Rauch spie und damit Bäume und Sträucher in Brand setzte. Da dem riesigen Lindwurm auch viel anderes Unheil zugeschrieben wurde, beschloss Ekko eines Tages, den Drachen zu töten. Auf der Suche nach ihm soll er ein spöttisches Lachen aus der Tiefe vernommen haben. „Da unten muss die Drachenhöhle sein", dachte er und rammte seine Lanze, mit der er sich für den Kampf bewaffnet hatte, tief in den Boden. Immer und immer wieder – bis plötzlich eine gigantische Fontäne aus der Tiefe schoss. Heißes Wasser, das ihn verbrühte, sodass er vor Schmerz zu Boden ging und die Jagd nach dem Drachen aufgab.*

*Seitdem ist der Riese verschwunden. Mit seinen Lanzenstichen hatte er aber den Weg für Wiesbadens Thermalquellen frei gemacht und aus dem Abdruck seiner linken Hand, mit der er auf die Erde stürzte, formte er die Hügel und Täler Wiesbadens: An der Stelle, an der sich des Riesen Mittelhand ins Erdreich gebohrt hatte, entstand der Wiesbadener Kessel mit dem Quellenviertel. Wo sich seine vier Finger in den Boden gekrallt hatten, bildeten sich das Wellritztal, das Walkmühltal, das Nerotal und das Rambachtal, und aus dem Abdruck seines riesigen Unterarms entstand das Salzbachtal.*

*Der Drache aber, so endet die Sage, soll immer noch tief unter der Stadt Wiesbaden sitzen und mit seinem feurigen Atem dafür sorgen, dass die Thermalquellen in Wiesbaden niemals erkalten.*

## Leben in Wiesbaden

„**Virrercher**", also Vettern, nennen sich die gebürtigen Wiesbadener gern. Mit diesem Etikett grenzen sie sich verbal von den „Hargeloffenen" ab, also den Zugezogenen. Hessisch ist die **Mundart** der Einheimischen, die sich mit „Ei Gu(u)de" oder mundfauler einfach nur „Gu(u)de" grüßen – das klassische „Guten Tag" ist zu Füßen des Taunus zu einer Kurzformel geschrumpft. „Mir sinn so kloore Kunne, wie jeder waaß", heißt es in einem Wiesbadener Mundart-Gedicht, „mir hann de beste Brunne und der is haaß. Mir hun de scheenste Strooße, so fei und braat" („Wir sind rechtschaffene Leute, wie jeder weiß, wir haben den besten Brunnen, und der ist heiß. Wir haben die schönsten Straßen, ganz fein und breit"). Das spiegelt Selbstbewusstsein wider, frei nach dem Motto „Uns steht de Himmel offe, mir traure nie, mir sein nit hargeloffe, mir san von hie!"

Doch die gebürtigen Wiesbadener, deren älteste sich noch gern ihrer nassauischen Abstammung rühmen, werden immer weniger. Rund ein Drittel aller Einwohner haben inzwischen einen **Migrationshintergrund**, jeder fünfte ist Ausländer – vor allem Tür-

◁ *Die Jupitersäule in Biebrich* ❷❽ *ist eines der wenigen Zeugnisse aus der Römerzeit*

## Am Puls der Stadt
### Leben in Wiesbaden

ken, Italiener oder Polen. Gott sei Dank, sagen die Bevölkerungsstatistiker und verweisen darauf, dass die Migranten dazu beitragen, dass die Stadt nicht überaltert. So stellen die unter 60-Jährigen heute drei Viertel aller Bewohner der Stadt.

„Viele Wiesbadener sind stolz auf den eher distinguierten und wohlhabenden Charakter ihrer Heimatstadt", heißt es in einem Umzugs-Ratgeber im Internet, „und geben sich auch selbst gerne so." „Diva" hat der Schriftsteller Lothar Schöne die Stadt deshalb genannt: „Wies-ba-den! Das tönt wie eine Dreiklanghupe und scheint fortwährend zu rufen: Weißt du überhaupt, wo du bist? Schon die deutschen Kaiser und die russischen Zaren haben mich besucht, mich, Kurstadt, Flaniermeile, Park- und Promenadendomizil. Mit mehr als zwanzig Thermalquellen habe ich den Geld- und den echten Adel Europas aufgepäppelt ...".

Ein **ungebrochenes Selbstbewusstsein** sagt man den geborenen Wiesbadenern gern nach, die ihren Kaffee nicht trinken, sondern „nehmen". Auffallend sind auch die vielen Feinkostläden und Friseursalons in der Stadt, von denen sich einer stolz „Haartisten" nennt. Schön auszusehen und gut zu leben, diese – vor allem Wiesbadens älteren Damen gern nachgesagte – Lebenseinstellung ist kein Zeichen übertriebener Arroganz, sondern aus der individuellen Geschichte einer Stadt gespeist, die mit ihren vielen Millionären einmal zu den reichsten in Deutschland gehörte.

Inzwischen aber sind auch in Hessens Hauptstadt immer mehr Menschen auf Sozialhilfe angewiesen und Wiesbadens **Armutsquote steigt**. Auf der einen Seite erinnern die Feinkostläden, Cafés, Restaurants, Schmuck- und Modegeschäfte an der Wilhelmstraße oder im Umkreis des Kurviertels an Wiesbadens goldene Zeiten. Andererseits schießen in den Vierteln, in denen Migranten den Großteil der Einwohner stellen, die Ein-Euro-Läden, Telefonshops, Nagelstudios und Dönerbuden wie Pilze aus dem Boden.

In Hessens Hauptstadt verstehen sich die meisten Menschen längst als **Weltbürger** und weniger als Lokalpatrioten. Anders als in Mainz, wo Volksnähe und Mundart großgeschrieben werden, ist man in Wiesbaden im öffentlichen Umgang distanzierter. Das liegt vor allem an der politischen und

# Heilende Quellen: Wiesbaden als Kurstadt

konfessionellen Entwicklung beider Städte. Während Mainz mit seinen barocken Prachtpalästen und Kirchen noch heute katholisch geprägt ist, spürt man in der einst preußischen Vorzeigestadt Wiesbaden noch immer den **Geist des Protestantismus.**

Der Anziehungskraft hat das nicht geschadet. Noch immer **nimmt die Einwohnerzahl zu,** die Stadt wächst von Jahr zu Jahr. Und auch viele Prominente kommen in die hessische Metropole – ganz wie im 19. Jahrhundert, als sich Wiesbadens Gästeliste wie das „Who is who" des Abendlandes las. So gab der Geigenvirtuose Niccolò Paganini 1830 im Kursaal ein umjubeltes Konzert und Jahrzehnte später der Startenor Enrico Caruso. Die Komponisten Carl Maria von Weber, Johannes Brahms, Richard Wagner, Franz Liszt, Gustav Mahler, Camille Saint-Saens oder Igor Strawinsky weilten ebenso in der Kurstadt wie die Schriftsteller Honoré de Balzac, Johann Wolfgang von Goethe, Fjodor Dostojewski oder Thomas Mann.

Manchmal schlugen sich ihre Aufenthalte direkt in ihren Arbeiten nieder. So schrieb Johannes Brahms in Wiesbaden die „Wiesbadener Sinfonie" und Richard Wagner Teile seiner Meistersinger in Biebrich (s. S. 100). Goethe reflektierte im „West-östlichen Diwan" seine Erfahrungen in der Kurstadt, genau wie Dostojewski in seinem Roman „Der Spieler" und Thomas Mann in „Felix Krull". Ganz zu Hause in der Stadt fühlten sich zuletzt auch der Jazzgitarrist und Zeichner Volker Kriegel, der Filmschauspieler Eddy Constantin und Helmut Schön, der langjährige Trainer der deutschen Fußball-Nationalmannschaft, der als „Mann mit der Mütze" Deutschlands Kicker 1974 zur Weltmeisterschaft führte.

## Heilende Quellen: Wiesbaden als Kurstadt

*Auch wenn Wiesbaden offiziell keine Kurstadt mehr ist, im Bewusstsein vieler Besucher ist sie es noch immer. Das liegt an den mehr als zwei Dutzend kochsalzhaltigen Thermalquellen, die noch heute für Gesundheitsanwendungen genutzt werden – vor allem bei rheumatischen Leiden und Erkrankungen der Atemwege. Mit rund zwei Millionen Litern täglicher Förderung ist Wiesbaden nach Aachen das am stärksten sprudelnde deutsche Heilbad.*

Als Erstes schätzten die **Römer** die **heißen Quellen** und ihre mineralischen Ablagerungen, wie sie sich am Kochbrunnen-Springer, einem Springbrunnen im Stadtzentrum, bis heute zeigen. Damals nutzte man die Ablagerungen zum Haarefärben und die Pomadekugeln aus **Aquae Mattiacorum** galten als beliebtes Reisemitbringsel. Auch im Mittelalter wurde in Wiesbaden gern heiß gebadet. Seine Thermalquellen speisten mehr als ein Dutzend Badehäuser. Und besonders gern wurde in den Bädern auch **gefeiert.** So schilderte der Theologe Heinrich von Langenstein (1325–1397), der längere Zeit im Kloster Eberbach lebte, Wiesbaden als einen **Ort der Lüsternheit.** „Man kommt in ausge-

◁ *Der Kochbrunnen* ❿ *ist Wiesbadens populärste Heilquelle. Wer will, kann das Wasser gleich an Ort und Stelle trinken.*

## Heilende Quellen: Wiesbaden als Kurstadt

> **KURZ & KNAPP**
>
> **Originalton**
> „Das Wasser der Quellen ist meist klar, durchsichtig, nur bei einigen etwas ins Gelbliche spielend, entwickelt unaufhörlich Luftbläschen, besitzt einen faden, laugenhaft ammoniakalischen Geruch, ähnlich dem von gemischtem Kalk oder gekochten Eiern, und einen faden, leichtgesalzener Fleischbrühe ähnlichen Geschmack ..."
> Meyers Konversationslexikon 1897

lassenster Stimmung mit Trompeten und Pfeifen, mit vollen Kasten und Flaschen, bringt die feinsten Speisen und Getränke mit, Geld in Menge und seltsame Kleider; und schon auf der Straße wird gespielt, gesungen und getollt, als ob man am Ziel die Freude der Glückseligkeit zu erwarten habe. Ist man dann angelangt, werden gemeinschaftliche Gelage veranstaltet, wobei man die Gesellschaft der Weiber sucht; denn wohl wäscht man im Bad den Leib, befleckt aber die Seele. Hat man das Bad verlassen, so schmettern die Trompeten, erklingen die Pfeifen, und es beginnen die Tänze. Da bieten sich dem keuschen Auge der Zuschauer die Schauspiele der Verderbtheit, nämlich die wollüstigen Gebärden, der schamlose Aufzug beider Geschlechter: barbusig die Frauen, unverhüllt um die Lenden die Männer – überall Ausschweifung, verletzend den reinen Sinn. Was man sieht, ist eitle Tändelei und Zerrüttung, nichts von Treue und Ordnung, nichts von Scheu und von Maß; vergessen ist Gott, verbannt jede Tugend; es herrscht nur Genußsucht, und es rast die Wollust ...".

Die **Heilkraft des Wassers** war dem sittenstrengen Theologen damals keine Zeile wert. Die lieferte erst Mitte des 16. Jahrhunderts der Kosmopolit Sebastian Münster. Er bescheinigte dem Wiesbadener Wasser, dass es „dienet den gestarreten Nerven

## Heilende Quellen: Wiesbaden als Kurstadt

oder Adern, erwärmt die erkalteten und verschwechten Glieder und nimbt hinweg allen Wust, der sich an die Haut setzet von Geschwer und Raude." Damals ließ man die Kurgäste täglich bis zu zwei Stunden baden und bis zu „drei Maß" Wasser trinken. Der Gesundheit, so weiß man heute, war das nicht förderlich, aber damals wusste man es einfach nicht besser. Anfangs badeten alle Kurgäste nackt, Männer und Frauen gemeinsam. Im 17. Jahrhundert aber wurden die beiden Geschlechter „umb der Zucht und Ehrbarkeit willen" im Wasser häufig getrennt und man verordnete Männern und Frauen **Badekleidung**. „Man badet sonderlich in der Gegenwart anderer Leute nicht nackend", hieß es in einer Badeordnung, „sondern in einem Bade-Habit ..."

Im Lauf der Zeit wurde der **Badebetrieb** immer professioneller und kommerzieller, die Zahl der Erholungssuchenden stieg Jahr für Jahr. Vom 19. Jahrhundert an wurde das Kuren in Wiesbaden Mode wie heute der Urlaub auf Sylt oder die Partywoche auf Mallorca. „Wiesbaden", schrieb eine Zeitung 1878, sei das „Conversationszimmer für das ganze reisende Europa". Nicht Erholung war angesagt, sondern **gesellschaftliches Abenteuer**. „Beim Baden sei die erste Pflicht", meinte übrigens auch Johann Wolfgang von Goethe, „dass man sich nicht den Kopf zerbricht, und dass man höchsten nur studiere, wie man das lustigste Leben führe". Frankfurter Damen, erzählt man sich noch heute gern in der Rhein-Main-Region, hätten sich in ihren Eheverträgen garantieren lassen, einmal im Jahr zur Kur nach Wiesbaden zu dürfen – natürlich ohne ihre Männer.

Für das allgemeine **Amüsement** sorgten anfangs Spielsäle und Wanderbühnen. Später baute man ein Kurhaus, einen Kurpark, ein Theater und eine wasserbetriebene Bergbahn auf den Neroberg. Anlagen allesamt, die dem gestiegenen Unterhaltungsbedürfnis der immer mondäner werdenden Kurgesellschaft Rechnung trugen. 1852 schmückte sich Wiesbaden schließlich mit dem Titel „**Welt-Cur-Stadt**".

Nach dem Ersten Weltkrieg und dem Ende des Kaiserreiches verlor Wiesbaden aber langsam seinen Ruf und die Zahl der Kurgäste ging

### Kurgast Goethe

*1814 und 1815 weilte Johann Wolfgang von Goethe zweimal als Kurgast in Wiesbaden. Gleich mehrere Wochen lang, in denen er viele Eindrücke sammelte und nach „heilsamen Bade erfrischt und verjüngt" zurückkehrte. Nach allem, was man weiß, tat die Kur dem alternden Literaten gut. „Erde, Himmel und Menschen sind anders, alles hat seinen heiteren Charakter und wird mir täglich wohltätiger", schrieb er im August 1814 an seine Frau. Sonntagmittags zog es den Dichter gern nach Biebrich, wo er im Schloss mit dem Herzog Friedrich August tafelte. Dort feierte Goethe auch seinen 65. Geburtstag. Nach dem Tod seiner Frau plante der Literat 1816 einen weiteren Kuraufenthalt in Wiesbaden. Doch nach einem Achsbruch seiner Kutsche drehte er auf halbem Weg wieder um.*

◁ *Die alten Wandelhallen der Kurgäste am Kochbrunnen* ❿ *dienen heute als Bistrorestaurant*

# Heilende Quellen: Wiesbaden als Kurstadt

zurück. Auch wenn das Heilwasser gleich blieb, Glanz und Flair der Kaiserzeit waren verschwunden. Die Kur war jetzt medizinische Notwendigkeit und kein „Abenteuerurlaub" mehr. Das ist auch heute noch so, wie die große Zahl von Thermen, Kurkliniken, Krankenhäusern und privaten Gesundheitseinrichtungen zeigt. Für **Tagesgäste** stehen neben Hotel-Bädern wie im Schwarzen Bock (s. S. 127) zwei große Thermalbäder offen: die Kaiser-Friedrich-Therme ❾ und das moderne Thermalbad Aukammtal mit seinem ganzjährig geöffneten Hallenbad und einem großen Saunabereich, der über ein Becken für Nacktschwimmer verfügt.

Noch immer kostenlos zu trinken gibt es das **Heilwasser** am Kochbrunnen ❿, dem Bäckerbrunnen und dem Faulbrunnen, der seinen Namen dem typischen Schwefelgeruch verdankt. Getrunken hat Wiesbadens Thermalwasser eine spülende und entschlackende Wirkung. Verdauung und Stoffwechsel sollen so angeregt und Stoffwechselerkrankungen gelindert werden. Wunderkräfte aber haben auch Wiesbadens Thermen nicht. Im Übermaß genossen können sie der Gesundheit gar schaden!

**S98** [eh] **Thermalbad Aukammtal,** Leibnizstr. 7, Mo., Mi., Do., So. 8–22, Di. 6–22, Fr./Sa. 8– 24 Uhr, Eintritt Erwachsene 10 €, Kinder (4–15 Jahre) 5 €

*Der Bäckerbrunnen (s. S. 60): eine von mehr als zwei Dutzend warmen Quellen in Wiesbaden*

# Wiesbaden entdecken

## Altstadt

Wiesbaden erobert man am **besten zu Fuß**, liegen doch die schönsten Stellen der Stadt und ihre wichtigsten Sehenswürdigkeiten eng beisammen. **Richtungsanker** ist die **Marktkirche** ❺, das höchste Gebäude der Stadt. Südlich führt der Weg über die Bahnhofstraße oder ihre Parallelachsen Friedrich-Ebert- und Adolfsallee zum Bahnhof ㉓. Im Westen bilden die Schwalbacher Straße, im Osten Wilhelm- und Taunusstraße den Rand des alten Stadtkerns. Östlich der **Wilhelmstraße** ⓯ findet sich das Kurviertel mit **Kurhaus** ⓫, **Staatstheater** ⓬, **Kurpark** ⓭ und der großen Grünanlage **Warmer Damm** ⓮. Ganz im Norden, wo die Stadt in den Taunus übergeht, erreicht man den **Neroberg** ⓳ mit seinen Sehenswürdigkeiten, zu denen neben der **Nerobergbahn** ⓲ vor allem die **Russisch-Orthodoxe Kirche** ⓴ zählt. Zwischen Bismarck- und Kaiser-Friedrich-Ring erstreckt sich das **Westend** ㉗, Wiesbadens am dichtesten besiedeltes Gebiet.

### EXTRAINFO

**Stadtbusse**
Alle wichtigen Sehenswürdigkeiten sind mit Stadtbussen zu erreichen. Die meisten verkehren über die Knotenpunkte Hauptbahnhof ㉓, Dern'sches Gelände ❻, Luisenplatz ㉕ oder Platz der Deutschen Einheit [C3/4]. Die passenden Ausstiegshaltestellen sind bei jeder Sehenswürdigkeit angegeben.

◁ *Vorseite: Im Foyer des Staatstheaters ⓬ werden Theaterpausen zum Treffpunkt der Gesellschaft*

▷ *Rund um Marktkirche ❺ und Marktsäule ❻ schlägt das Herz der Stadt*

# Altstadt

## ❶ Schlossplatz mit Marktbrunnen ★★★ [D3]

*Herz der Altstadt ist der Schlossplatz. Ältere Wiesbadener nennen ihn noch heute gern Marktplatz – so wie er früher einmal hieß. Um ihn herum sind eine Reihe bedeutender Bauten gruppiert. Dazu gehören das Alte Rathaus ❷, das älteste Gebäude der Stadt, und das Neue Rathaus ❸, der Amtssitz des Oberbürgermeisters. Gegenüber liegt das Stadtschloss ❹, heute Sitz des Hessischen Landtags. Schmuckstück des Platzes ist der Marktbrunnen.*

Der heutige Schlossplatz markierte schon im Mittelalter das **Zentrum Wiesbadens**. Damals wie heute schlägt hier der Puls der Stadt und bei fast allen großen Festen – von der Weinwoche bis zum Sternschnuppenmarkt – ist er noch immer die Bühne für Musiker und Märchenerzähler, Zauberer und Gaukler. Heute kreuzen sich am Schlossplatz mehrere **Fußgängerzonen**, die von Ost nach West und von Nord nach Süd führen.

Im Lauf der Zeit wurde der Schlossplatz immer wieder umgestaltet. Bei seiner letzten Sanierung wurde ein altes **Bodenmosaik** wieder hergestellt. Es zeigt den Adler der Deutschen Kaiser in der Mitte und das nassauische Wappen sowie das Wiesbadener Stadtwappen an den Seiten.

Blickfang des Platzes und viel fotografierte Sehenswürdigkeit ist der **Marktbrunnen**. Er wurde Mitte des 16. Jahrhunderts aufgestellt und war lange Zeit die wichtigste Trinkwasserquelle der Stadt. Zu seiner heutigen Form fand er 1753. Den Wasserspender krönt ein nassauischer Löwe mit einem ovalen Schild in den Pranken.

# Wiesbaden entdecken
## Altstadt

Er zeigt das Wappen von Wiesbaden: drei goldene Lilien auf blauem Grund (s. S. 41).
› Haltestelle: Dern'sches Gelände

### ❷ Altes Rathaus ★ [D3]

Unscheinbar präsentiert sich das älteste Gebäude Wiesbadens mit seiner großen Freitreppe an der Westseite des Schlossplatzes ❶. Es ist das Alte Rathaus der Stadt, das heute als Standesamt dient. Anno 1610 war sein Bau im damals modischen Renaissance-Stil abgeschlossen. Gut zweihundert Jahre später wurde das einstige Fachwerk-Obergeschoss gotisch umgestaltet und die fünf Holzreliefs unter den fünf großen Fenstern durch steinerne Kopien ersetzt. Sie zeigen die **fünf Tugenden:** Stärke, Gerechtigkeit, Nächstenliebe, Klugheit und Mäßigung. Neben der Eingangstür ist das **Wappen von Wiesbaden** mit den drei Lilien in die Wand gemeißelt.

Zu Anfang des Jahrtausends wurde das Alte Rathaus umfassend saniert und modernisiert. So baute man auf seiner Rückseite einen gläsernen Aufzug an das Gebäude. Heute ist es **Sitz des Standesamtes** und wichtigster Trausaal der Stadt. Blickfang ist die von einem Wiesbadener Künstler eigens für den Trausaal geschaffene Collage „Gestern und Morgen". Sie zeigt Heiratsurkunden prominenter Wiesbadener. Als stimmungsvolle Kulisse für einen kleinen Umtrunk nach oder auch vor der Eheschlie-

# Wiesbaden entdecken
## Altstadt

ßung dient der vor dem Haus stehende Marktbrunnen. Im Keller des Alten Rathauses befindet sich ein dienstags bis samstags geöffnetes Weinlokal.

› **Altes Rathaus,** Marktstraße 16, Haltestelle: Dern'sches Gelände

### ❸ Neues Rathaus ★ [D3]

Offizieller **Sitz der Stadtverwaltung** und **Residenz des Oberbürgermeisters** ist das Neue Rathaus an der Südostseite des Schlossplatzes ❶. Außerdem bietet es Raum für Ausstellungen – und im Keller hat das Lokal Der Andechser Platz für Freunde bayrischer Klosterbiere. Beheizt wird das Neue Rathaus übrigens mit Wiesbadener Thermalwasser.

Nach der rasanten Entwicklung der Einwohnerzahl in der zweiten Hälfte des 19. Jahrhunderts war das Alte Rathaus ❷ zu klein geworden, sodass man schräg gegenüber einen **Neubau mit prächtiger Renaissance-Fassade** errichtete. Mit dem anno 1887 fertiggestellten Bau, heißt es in Wiesbaden, wollten die Stadtväter das gegenüberliegende Stadtschloss der nassauischen Herzöge an Prunk übertreffen.

Als Baumeister verpflichteten sie den deutsch-österreichischen Architekten Georg von Hauberisser, der zuvor in München das Neue Rathaus am Marienplatz entworfen hatte, ein Bilderbuch-Palast im neugotischen Stil. Auch die Fassade des Wiesbadener Rathauses war einst viel prunk- und glanzvoller als heute. Nach ihrer **Zerstörung im Zweiten Weltkrieg** wurde sie einfacher und ohne den einstigen Giebel wieder aufgebaut. Heute bietet das Rathaus zahlreichen Dienststellen der städtischen Verwaltung Platz.

› **Neues Rathaus,** Schlossplatz 6, Tel. 0611 313304, Mo.–Fr. 7–18.30, Sa. 9–15 Uhr, Haltestelle: Dern'sches Gelände

### ❹ Stadtschloss und Hessischer Landtag ★★★ [D3]

*Von außen zeigt sich das Stadtschloss recht schlicht, drinnen aber dominiert herrschaftlicher Glanz. Früher regierten hier die Herzöge von Nassau, seit 1946 ist der Hessische Landtag am Schlossplatz zu Hause, der auch benachbarte Gebäude für die Arbeit seiner Abgeordneten nutzt. Im letzten Jahrzehnt gründlich renoviert, gehört das Gebäudeensemble inzwischen zu den populärsten Sehenswürdigkeiten der Stadt. Rund 50.000 Besucher zählt der Landtag jährlich. Für allgemeine Besichtigungen allerdings öffnet er nur samstagmittags seine Pforten.*

Die Schokoladenseite des Stadtschlosses ist der runde **Eingangspavillon mit Säulenportikus und Balkon.** Von dort oben nahm nicht nur Kaiser Wilhelm II. die Paraden seiner Truppen ab, sondern auch englische und französische Generäle während der Besatzungszeiten. „**Hessischer Landtag**" steht in Großbuchstaben über dem Treppenaufgang, der nach oben schmaler wird. Statt eines Mittelfensters ziert das zweite Obergeschoss das Wappen des Hauses Nassau. Rechts und links des Eingangs zweigen dreistöckige Gebäude ab, deren Enden ein mit Deckengemälden verzierter **Wintergarten** verbindet. Darin züchtete der Herzog einst exotische Pflanzen. Bei der Übernah-

› *Hessens Landtag residiert im ehemaligen Stadtschloss*

## Wiesbaden entdecken
### Altstadt

me des Schlosses durch die Preußen wurden sie allerdings nach Frankfurt verkauft, wo sie zusammen mit Gewächshaus-Pflanzen aus dem Biebricher Schloss ㉙ schließlich den Grundstock für den Frankfurter Palmengarten bildeten.

Die Geschichte des Stadtschlosses ist wechselvoll. Es wurde an der Stelle einer fränkischen Turmburg errichtet, die einst im Zentrum der frühmittelalterlichen Stadt stand. Schloss-Baumeister war **Georg Moller** (1784–1852), damals einer der wichtigsten Architekten im deutschen Südwesten. Mainz bescherte er ein neues Stadttheater und eine neue Domkuppel, Darmstadt das Mausoleum auf der Rosenhöhe und auch die Neugestaltung des Rheingau-Schlosses Johannisberg war sein Werk.

Herzog Wilhelm von Nassau hatte Moller Mitte der 1830er-Jahre mit der Gestaltung des „**Herzoglichen Hauses am Markt**", wie das Schloss anfangs hieß, beauftragt. Ende des Jahrzehnts war es weitgehend fertig. Erster Nutzer des neuen Regierungssitzes aber war nicht Herzog Wilhelm, sondern sein 22-jähriger Sohn **Adolf I.**, der nach dem plötzlichen Tod seines Vaters Regierungschef wurde. Allerdings nutzte er das Stadtschloss nur im Winter, im Sommer residierte er im Biebricher Schloss am Rhein.

Von 1866 an, nach der Annektierung Nassaus durch die Preußen und der Absetzung Herzog Adolfs, diente das Gebäudeensemble bis 1918 als **königlich-preußischer Wohnsitz**. Wilhelm I., ab 1871 deutscher Kaiser, nutzte das Schloss mit seinem großen Hofstaat immer wieder. Noch häufiger war sein Enkel, **Kaiser Wilhelm II.**, in Wiesbaden zu Gast. Mit Beginn des Ersten Weltkriegs hatte das Schloss aber als kaiserliche Residenz ausgedient.

Dafür kamen neue Nutzer: 1918 der örtliche Arbeiter- und Soldatenrat, später Franzosen und Briten. Nach ihrem Abzug übernahm die **Preußische Schlösserverwaltung** 1930 den Bau, der jetzt Museum wurde. Im Zweiten Weltkrieg nistete sich die **Wehrmacht** im Schloss ein, weshalb es die Alliier-

# Wiesbaden entdecken
## Altstadt

ten im Februar 1945 bei einem Luftangriff heftig attackierten. Nach dem Kriegsende bezog das **Alliierte Oberkommando** das teilweise zerstörte Schloss, ehe es schließlich Sitz des Parlaments im neu gegründeten Bundesland Hessen wurde.

Als die Abgeordneten 1946 in den neuen Landtag einzogen, nutzten sie zunächst den Konzertsaal des Herzogs für die Plenardebatten. Allerdings reichte der Platz damals nur für die Parlamentarier, die Regierungsvertreter und ein paar Reporter. Schnell war man sich deshalb einig, einen **neuen Plenarsaal** zu bauen. Ein weitgehend funktionales Haus, das 2004 allerdings abgerissen und durch einen architektonisch gelungenen Neubau mit kreisrunder Bestuhlung ersetzt wurde.

### Glanz im Inneren

Höfischen Glanz entfaltet das alte Stadtschloss vor allem in seinem Inneren, das im Rahmen einer **geführten Tour** fast jeden Samstagmittag zu besichtigen ist. Vom Haupteingang gegenüber dem Marktbrunnen führt der Rundgang zunächst ins **Haupttreppenhaus** mit seiner gewölbten Decke. Hier zeigt sich das Stadtschloss ganz klassisch mit vergoldetem Treppengeländer und geschmückt mit dem Wappen der nassauischen Herzöge. In den Nischen beidseits der Treppe stehen sechs Statuen. Sie zeigen die Götter Artemis, Pan, Demeter, Dionysos, Aphrodite und Apollon und verweisen auf den Zeitgeist des frühen 19. Jahrhunderts. Den prägte bekanntlich die Wiederentdeckung der Antike, die Ausgrabungen von Troja oder Pompeji.

Besonders prunkvoll ausgestattet sind die Räume im ersten Obergeschoss der beiden Seitenflügel. Zum Teil waren es die Wohnräume des Herzogs. Beeindruckend ist die Deckenmalerei in der **Kleinen Rotunde**, ein Meisterwerk im sogenannten Trompe-l'oeil-Stil, der dreidimensionale Räumlichkeiten vortäuscht. Das Mosaikparkett besteht aus acht verschiedenen Holzarten von Ahorn bis Mahagoni. Der sich anschließende „**Rote Salon**" verdankt seinen Namen den roten Wandbespannungen. Die Möbel aus einer renommierten Mainzer Schreinerei sind aus amerikanischem Zitronenbaumholz gefer-

◁ *Viele der Räume im Stadtschloss versprühen noch herzöglichen Glanz*

▷ *Vorbilder der Wandgemälde sind die Villen Pompejis, wo der Schlossarchitekt Vorlagen abgezeichnet hatte*

tigt – so wie das zweisitzige Plauder-Sofa, bei dem sich die Gesprächspartner fast direkt gegenüber sitzen. Daneben liegt das ehemalige Frühstückszimmer des Herzogs, der „**Gelbe Salon**". Hier sind die Wandbespannungen gelb und die Möbel zum Teil vergoldet.

Der sich anschließende „**Kleine Saal**", ursprünglich als Tanzsaal geplant, wird heute gern für feierliche Empfänge des Landes Hessen genutzt. Auch hier fallen die Wand- und Deckenmalereien sofort ins Auge. Viele haben ihre Vorbilder in Wandmalereien der einst in Pompeji ausgegrabenen Villen. Der junge **Architekt Philipp Hoffmann** (siehe Exkurs S. 84) hatte sie in Italien nachgezeichnet und in Wiesbaden an die Wände bringen lassen. Darunter finden sich auch seltene Darstellungen weiblicher Zentauren (Kentauren), Mischwesen aus Pferd und Mensch. Spiegel an den Innenseiten der Fensterläden, die abends geschlossen wurden, erlaubten bei großen Diners und Bällen gezielte Lichteffekte im Kerzenschein.

Durch den **Wintergarten** betritt man den **Kuppelsaal**. Er wurde ursprünglich als Speisesaal errichtet. Sein Blickfang ist ein fast Tausend Kilo schwerer Kronleuchter, den man 1930 aus dem Biebricher Schloss holte. 2001 war er abgestürzt und Fachleute mussten die gut 24.000 Einzelteile mühsam wieder zusammensetzen. Vom Kuppelsaal führt der Weg in den neueren Teil des Gebäudes mit dem **Konzertsaal** im ersten Obergeschoss. Hier tagte bis zur Fertigstellung des ersten Plenarsaals 1962 der Landtag. Heute finden hier gelegentlich noch Musikveranstaltungen statt. Daneben befinden sich zwei Salons: das **Kabinettzimmer** mit englischen Möbeln aus dem Jahr 1840 und der **Präsidentensalon**, den ein großes Ölgemälde prägt. Es zeigt Herzog Adolph von Nassau, den ersten Schlossherrn, mit seinen Brüdern bei der Jagd.

Weniger prunkvoll gibt sich der **rechte Schlossflügel**. An ihn schließen sich das **Kavaliershaus** und der **Wilhelmsbau** an. Auch sie werden heute vom Landtag genutzt, zum Großteil als Abgeordnetenbüros. Das 1826 erbaute Kavaliershaus war einst das Amt des Hofmarschalls. Der nach Kaiser Wilhelm benannte Wilhelmsbau war ursprünglich ein Militärhospital und wird heute unter anderem von der Presse als Raum für Konferenzen und als Funk- und Fernsehstudio genutzt. Von der rückwärtigen Grabenstraße ist der neue Plenarsaal samt Besucherzentrum zugänglich.

› Schlossplatz 1, Haltestelle: Dern'sches Gelände, Besucherservice: Tel. 0611 350294, www.hessischer-landtag.de. Kostenlose Schloss- und Landtagsführungen (Dauer: 60–90 Minuten) finden gewöhnlich samstags um 15 Uhr statt. Treffpunkt ist an der Pforte am Schlossplatz ❶. Für Einzelpersonen ist keine Anmeldung erforderlich. Plenarsitzungen können nach Voranmeldung besucht werden.

# Wiesbadens Blütezeit: das Wilhelminische Zeitalter

*Wiesbadens Aufschwung ist eng mit den Kaisern Wilhelm I. und II. verbunden. Sie drückten der Stadt ihren Stempel auf und brachten Glanz und Gloria in das vorher nicht gerade von gesellschaftlichem Prunk verwöhnte Wiesbaden. Ihnen zu Ehren baute man die Wilhelmstraße zur "Via triumphalis" aus, schuf einen riesigen Bahnhof als Empfangshalle und ein Theater, in dem die Kaiser viel Zeit verbrachten.*

*Wilhelm I. kam im Sommer 1867 als König von Preußen erstmals nach Wiesbaden, als er der Stadt seinen Antrittsbesuch machte. Er war es, der dafür sorgte, dass die Kuranlagen samt aller Einrichtungen schließlich für wenig Geld in städtischen Besitz übergingen und den Aufstieg Wiesbadens zur "Welt-Cur-Stadt" beförderten. "Die wilhelminische Epoche entlud auf die Stadt ein Füllhorn von Glanz, Reichtum und Wohlleben", schrieb der Stadtchronist Alphons Paquet. "Es ist, als wäre sie jenem berlinischen Deutschland wie eine Geliebte gewesen, die man mit Schmuck überlädt."*

*Immer wieder kam Wilhelm I. zur Kur nach Wiesbaden – meist im April, wie ihm sein Leibarzt geraten hatte. Ende 1878 erholte er sich zu Füßen des Taunus von einem Attentat in Berlin, das er angeblich nur dank seiner Pickelhaube überlebt hatte. 1884 kam er letztmals nach Wiesbaden, als ein vom Leben gezeichneter Mann. Auch sein Sohn, Kaiser Friedrich III., weilte als Kronprinz mehrmals in Wiesbaden. Als Kaiser fehlte es ihm an Zeit, starb er doch nach nur 99 Regierungstagen an Kehlkopfkrebs. Vor dem Hotel "Nassauer Hof" erinnert ein Denkmal an ihn.*

*1888 trat der Enkel von Wilhelm I. ins Rampenlicht: Kaiser Wilhelm II. Auch er kannte Wiesbaden schon von verschiedenen Besuchen, ehe er 1890 erstmals als Kaiser in die Kurstadt kam, um die österreichische Kaiserin Sis(s)i zu treffen. Anders als sein Großvater kam er nicht aus Gesundheitsgründen, sondern weil ihm das Leben im "Nizza des Nordens" Spaß machte. Als Theaterfreund engagierte er sich zudem für einen Theaterneubau. Außerdem ernannte er einen Jugendfreund zum Intendanten des neuen Theaters, der mit den Maifestspielen ein bis heute renommiertes Theaterformat schuf.*

*Auch Pferderennen wurden gern zum Wohl Ihrer Majestät organisiert, in deren Rahmen sich die damalige Spaßgesellschaft vergnügte. Ein modischer Haufen, beäugt von Klatschreportern. "Der enge, freie Rock ohne Unterrock, der die Körperformen bis fast zur Indiskretion durchblicken läßt", notierte ein Journalist 1914, "wechselt ab mit dem ebenso engen Staffelrock, der ungefähr das Gegenteil bedeutet. Überwürfe der verschiedensten gewagten und Hüte der unmöglichsten Art usw. gehören dazu. Unter den Gästen waren auch vier veritable Indianer mit Federkronen und Mokassins zu bemerken. Die Internationalität war also vollkommen (...)."*

▷ *Im Park hinter dem Staatstheater* ❿ *steht ein Denkmal Wilhelms I., das er selbst einweihte*

## Wiesbaden entdecken
## Wiesbadens Blütezeit: das Wilhelminische Zeitalter

*Prächtig geschmückt mit Wimpeln und Fahnen zeigte sich die Stadt fast immer, wenn der Kaiser in ihren Mauern weilte. Wenn er in der Stadt eintraf, hatten die Kinder schulfrei und die Wilhelmstraße wurde mit Girlanden, Ehrenbogen und Fahnen geschmückt. Seine Familie und er genossen die Sympathien vieler Bürger, die in ihm ihr Land verkörpert sahen: Preußen, das Wiesbaden den Wohlstand brachte. Besonders gern nahm der Kaiser das Bad in der Menge. Wenn immer er konnte, schüttelte er Hände oder winkte den Wartenden. Und bei seinen Streifzügen durchs Kurviertel griff er auch gern mal zum Dirigentenstab, wenn die Kurkapellen seine Komposition, den von nordischem Geist überfrachteten „Sang an Aegir" spielten.*

*In Wiesbaden konnte Wilhelm II. seinen Hang zur Selbstdarstellung ausleben, der wohl auch Ausdruck einer angeborenen Missbildung seines linken Armes war. Zwar hatten seine Eltern immer wieder versucht, sein Leiden mit allen Mitteln zu lindern, etwa indem sie seinen Arm in ein frisch geschlachtetes Kaninchen einnähten, doch medizinisch war allen Bemühungen kein Erfolg beschieden. So führte der Kaiser immer eine Gabel im Gepäck, die es ihm trotz seiner Behinderung erlaubte, einen Braten zu zerlegen.*

*Besonders wohl fühlte sich Wilhelm unter Uniformträgern, mit denen er auch in Wiesbaden gern Paraden abnahm. Ein anderer Freizeitspaß war die Reiterei, die ihn häufig schon vor dem Frühstück ins Nerotal oder Richtung Platte führte. Abends verfolgte er von seiner Hofloge im Theater aus die Vorstellungen, die meist nach seinem Geschmack waren. Besonders gern amüsierte er sich auch auf festlichen Bällen, wo er stets im Mittelpunkt stand. Wie kaum ein anderer vor ihm verstand es der letzte deutsche Kaiser nämlich, die Aufmerksamkeit der Medien auf sich zu ziehen. Dazu nutzte er auch Pressefotografen und die ersten Kameraleute, die seine öffentlichen Auftritte begleiteten.*

## Altstadt

### ❺ Marktkirche (Nassauer Landesdom) ★★★ [E3]

*Die Marktkirche ist Wiesbadens höchstes Gebäude und eines der Wahrzeichen der Stadt. Klassik, Neogotik und Romantik verbinden sich in ihr zu einem Gesamtkunstwerk. Der im November 1862 eingeweihte „Nassauer Landesdom" ist das größte evangelische Gotteshaus der Stadt und damit weithin sichtbares Zeichen des mehrheitlich noch immer protestantischen Wiesbadens. Vor der Kirche steht der sogenannte „Schweiger": ein Denkmal Wilhelms von Oranien. Kaiser Wilhelm II. hatte es im Jahr 1908 den Bürgern Wiesbadens zum Geschenk gemacht.*

Die Marktkirche war der erste reine **Backsteinbau** im Herzogtum Nassau, 60 Meter lang und fast 100 Meter hoch. Der Bau der Kirche war Mitte des 19. Jahrhunderts nötig geworden, nachdem die mittelalterliche Mauritiuskirche, damals Wiesbadens evangelische Hauptkirche, bei einem Brand zerstört worden war. Das passende Grundstück schenkte der Nassauer Herzog der Kirche, die den Architekten **Carl Boos** 1851 mit dem Neubau gegenüber dem Stadtschloss ❹ beauftragte. Ein Jahr später legte er seine Pläne vor, die in Wiesbaden aber wenig Gefallen fanden. Zu hoch sei das Gotteshaus, zu gotisch, vor allem aber in der Ziegelbauweise untypisch für die Region. In der Tat hatte Boos seine Pläne an dem Bau der berühmten Friedrichswerderschen Kirche in Berlin orientiert, einem Meisterwerk des Baumeisters Karl Friedrich Schinkel.

Vom Protest der Bürger ließ sich der Architekt wenig beeindrucken. Im Gegenteil, nach knapp zehnjähriger Bauzeit zeigte sich der Nassauer Landesdom sogar noch höher als ursprünglich geplant. Mit seinen **fünf Türmen** wurde er zum mächtigen Glaubenszeugen und zur Heimat von Musikern wie dem **Komponisten Max Reger**, der während seines Aufenthalts in Wiesbaden Ende des 19. Jahrhunderts die mächtige Kirchenorgel spielte. Zu den bekanntesten Pfarrern der Marktkirche gehörte der Kommunalpolitiker **Willy Borngässer** (1905–1965), der wegen seiner politischen Überzeugung in der Nazizeit gleich zweimal verhaftet wurde und von 1943 bis 1945 im Zuchthaus

◁ *Der „Schweiger" steht als Denkmal vor der Marktkirche*

## Der „Schweiger": Wilhelm von Oranien

Unübersehbar thront hoch auf einem Sockel vor der mächtigen Marktkirche der Gründer der niederländischen Unabhängigkeit: Wilhelm I., Prinz von Oranien, Graf von Nassau (1533–1584). Meist wird er nur der „Schweiger" genannt. Das ist eine Anspielung auf seinen Charakter, empfanden ihn viele Zeitgenossen doch als einen eher stillen, besonnenen und gelassenen Mensch. An ihn erinnert noch heute die niederländische Nationalhymne, in deren erster Strophe es heißt: „Wilhelmus von Nassaue bin ich aus deutschem Blut". Wie die Inschrift auf dem Denkmalsockel verrät, starb er im Juli 1584 für seinen evangelischen Glauben, als er auf den Rathaustreppen zu Delft erschossen wurde.

Kaiser Wilhelm II. hatte den Wiesbadenern als Dank für den Bau des Kurhauses das Monument im Gedenken an seinen Namensvetter anno 1908 geschenkt. Es war die Kopie eines Denkmals vor dem Berliner Stadtschloss. Um den besten Standort dafür zu finden, zog eine städtische Kommission angeblich wochenlang mit einem Pappmodell durch die Stadt. Am Ende aber entschied der Kaiser, der jetzt von seinem sich gegenüber befindenden Stadtschloss aus, wann immer er wollte, auf den großen Oranier-Prinzen blicken konnte.

saß. Auch der Widerstandskämpfer und Wiesbadener Ehrenbürger, der Theologe **Martin Niemöller** (1892–1984), hielt seine letzte große Predigt vor seiner Inhaftierung im Konzentrationslager in der Marktkirche.

Rund um den Chor stehen fünf große **Marmorfiguren** und lenken alle Blicke auf sich. Sie zeigen Christus und die vier Evangelisten. Zur Ausstattung der Kirche gehören außerdem **fünf große Bronzeglocken,** davon nur noch eine vom ursprünglichen Geläut. Die restlichen vier wurden 1962 gegossen. Auch die **Orgel** wurde mehrmals umgebaut und erweitert. So stammen nur noch 20 der heute 85 Register aus der Ursprungsorgel, dennoch lockt sie immer wieder Konzertbesucher. Die schönsten Orgelkonzerte, unter anderem mit Werken von Bach und Liszt, gibt es im Kirchenshop auf CD. Besonders stolz ist man in Wiesbaden auf das im Hauptturm untergebrachte **Glockenspiel,** das seit Mitte der 1980er-Jahre in rund 65 Metern Höhe erklingt. Das **Carillon** besteht aus 69 Bronzeglocken, von denen die größte 2,2 Tonnen, die kleinste 13 Kilogramm wiegt. Für das Glockenspiel wurde eigens ein Spieltisch in luftiger Höhe eingerichtet, der über 290 Treppenstufen zu erreichen ist. Knapp die Hälfte der Glocken ist mit einer automatischen Spieleinrichtung versehen, am liebsten aber spielt man noch immer live, von Ostern bis Weihnachten gewöhnlich samstags um 12.05 Uhr. Wer das Geläut sonst hören will: Täglich zwischen 7.15 und 21.45 verkünden die Glocken jede Viertelstunde die Zeit.

› Schlossplatz 4, Haltestelle: Dern'sches Gelände, www.marktkirche-wiesbaden.de, Di.–Fr. 14–18, Sa. 10–11 und 12–14, So. 14–18 Uhr (im Winter an allen Öffnungstagen nur bis 17 Uhr). Gottesdienst: sonn- und feiertags 10 Uhr. Im Advent täglich Orgelmusik und Kurzandacht (17.45 Uhr).

## Altstadt

**KURZ & KNAPP**

### Historisches Fünfeck
Wiesbadens **Stadtkern** wird gern als „Historisches Fünfeck" bezeichnet. Im Süden bildet die Rheinstraße seine Grenze, im Westen die Schwalbacher Straße. Im Norden sind es Röder- und Taunusstraße, im Osten die Wilhelmstraße. Zusammen bilden alle diese Straßen ein Fünfeck. Außerhalb davon begann die Besiedlung meist erst im 19. Jahrhundert.

### ❻ Dern'sches Gelände mit Marktsäule ★ [E3]

Zwischen Neuem Rathaus ❸, Marktkirche ❺ und Friedrichstraße dehnt sich das sogenannte Dern'sche Gelände aus. Begrenzt wird es im Osten von der De-Laspée-Straße, im Westen von der Marktstraße. Herz des Geländes, auf dem regelmäßig Märkte und Feste stattfinden, ist **Wiesbadens zentralste Tiefgarage**. Blickfang über der Erde ist die **alte Marktsäule mit dem Marktbrunnen**. Der Name des Geländes erinnert an den Oberforstrat Dr. Carl-Reinhard Dern (1783–1863). Er besaß hier einen Hof, den die Stadt einst als Verwaltungsgebäude nutzte.

Heute ist das Dern'sche Gelände ein viel frequentierter Platz mit großer **Bushaltestelle**. Außerdem ist auf dem Areal mittwochs und samstags der **Wochenmarkt** zu Hause, wo – wie es bei der Stadt heißt – „landwirtschaftliche Betriebe aus Wiesbaden und der Region bieten, was Bäume, Felder und Vieh hergeben: Gemüse und Früchte, frische Gewürze, Käse- und Brotspezialitäten sowie Fleisch und Blumen". Auch zahlreiche **Feste** – von der Rheingauer Weinwoche bis zum Sternschnuppenmarkt – locken die Massen auf das Dern'sche Gelände.
› Haltestelle: Dern'sches Gelände

### ❼ Schiffchen ★★ [D2]

*Goldgasse, Grabenstraße und die parallel laufende Wagemannstraße bilden mit ein paar Seitenstraßen das Herz der Altstadt. „Schiffchen" nennen die Einheimischen das Areal, weil der Straßenverlauf – betrachtet man ihn von oben – eine Art Schiff bildet. Hier schlägt Wiesbadens Herz vor allem abends, wenn die Altstadtkneipen die Nachteulen locken. Die Gegend gehört zu den ältesten der Stadt. Ein Viertel im Umbruch, das mit seinen krummen und engen Gassen vor Jahren einmal zum Abbruch bestimmt war.*

Ursprünglich lebten hier Handwerker und Händler wie die italienische Familie Cetto, die 1728 in der Wagemannstraße 7 ein Haus baute. Dieses steht heute noch und gilt als **ältestes Wohnhaus der Stadt**. Viele Händler hatten im Schiffchen-Areal ihre Läden, auch Metzger und Bäcker wie der Name des **Bäckerbrunnens** in der Grabenstraße beweist. Der neobarocke Brunnen sprudelt noch heute. Sein warmes Wasser kann man Tag und Nacht trinken. Auch Getreidemühlen gab es einst in dem Viertel, angetrieben von einem Bächlein, das allerdings längst unter den Straßen verschwunden ist.

Mit der Schaffung neuer Wohnviertel außerhalb des Altstadtkerns wurde die Altstadt langsam zum **Problemgebiet**. Viele Häuser verfielen, ihren Besitzern fehlte es an Geld und Willen zur Sanierung. In der Wagemannstraße blühte die Prostitution und Bars und Eckkneipen schossen aus dem Boden, die keinen guten Ruf hatten. Mitte der 1960er-Jahre wollte man deshalb das ganze Viertel abreißen. Das aber rief die Wiesbadener auf den Plan, die plötzlich ihr Herz für die Altstadt entdeckten. In der Folge wurden immer mehr **Häuser saniert** und die Höfe entkernt. Eine **neue Szene** entstand. Kleine Kunsthandwerksläden siedelten sich neben Restaurants an, Kneipen neben Juwelieren, Buchhandlungen neben Secondhand-Läden, Modeboutiquen neben Massagesalons, Lädchen für Krimskrams neben Fastfood-Buden. Fast ganz zur **Gastro-Meile** mutierte die enge Goldgasse, wo sich die Restaurants ballen. „Pizza, Pasta, Steaks, Fisch, Schnitzel and more …", verheißen die Schiefertafeln vor den Tischen, die fast das ganze Jahr über auch draußen stehen.

› Haltestelle: Dern'sches Gelände oder Webergasse

## ❽ Heidenmauer mit Römertor ★ [D2]

Die Heidenmauer ist das **älteste Bauwerk der Stadt**. Nach gängiger Ansicht wurde sie im 4. Jahrhundert unter Kaiser Valentinian I. als Schutzwall gegen germanische Angriffe errichtet: ein gut 500 Meter langes Bollwerk, 2,30 Meter dick und bis zu 10 Meter hoch. Allerdings ist nach neueren Forschungen nicht ausgeschlossen, dass die Mauer auch ein Jahrhundert früher entstanden sein könnte.

Die alte Heidenmauer zog sich vom heutigen Schulberg in östlicher Richtung talwärts bis zur Straße Am Römertor. In Höhe der Langgasse knickte sie leicht nach Süden ab und endete nahe der Marktkirche. Im Mittelalter wurde der römische Verteidigungswall in die Wiesbadener **Stadtbefestigung** integriert.

Ende des 19. Jahrhunderts wurde die Mauer beim Bau der Coulinstraße durchbrochen. Das dabei entstandene Loch wurde 1903 schließlich durch das sogenannte **Römertor** kaschiert: einem Viadukt mit Haupt- und Nebentor, Türmen und überdachtem Wehrgang. Inzwischen wurde das Römertor gründlich saniert und der 1979 hinzugefügte Treppenaufgang zur Talseite, der die Überquerung der Coulinstraße erleichtern sollte, wieder zurückgebaut. An die eigentliche Römerzeit erinnern inzwischen auch ein paar Kopien in Wiesbaden gefundener **Steindenkmäler**, die auf einem Grünstreifen unterhalb des Römertors aufgestellt wurden. Es ist jedoch etwas übertrieben, angesichts der wenigen dort zu findenden römischen Zeitzeugen von einem Freilichtmuseum inmitten der Stadt zu sprechen. Nur ein paar Schritte wei-

### EXTRATIPP: Wenn der Kuckuck ruft

Das Schaufenster des kleinen Souvenirladens Ecke Burgstraße/An den Quellen ist auch heute noch manchmal umlagert, wenn dort über einer auf das Glas montierten Uhr unter einem großen Hirschgeweih eine **Kuckucksfigur** erscheint. Pünktlich zwischen 8 und 20 Uhr zeigt sich der Vogel zu jeder vollen und halben Stunde. 1946 hatte ihn ein Souvenirverkäufer anfertigen und sich die Bezeichnung für die damals größte Kuckucksuhr der Welt schützen lassen. Ein Werbegag vermutlich, der heute nostalgisch anmutet. Denn den Titel „Größte Kuckucksuhr der Welt" hat Wiesbaden längst an das Schwarzwald-Städtchen Triberg abgeben müssen.

🏠 99 [E2] Gebr. Stern GmbH, An den Quellen 3, Tel. 0611 302112, www.gifts-from-germany.com, Mo.–Fr. 9-19, Sa. 9-18 Uhr

## Altstadt

**KLEINE PAUSE**

### Frischer Fisch

In Wiesbaden ist Brauns Restaurant längst eine Institution. Seit den 1950er-Jahren wird hier Fisch serviert, in guter Qualität und zu angemessenen Preisen –übrigens durchgängig von morgens bis abends. Beliebt ist der Backfischteller, auf dem sich Seelachs, Goldbarsch und Kabeljau neben Kartoffelsalat finden. Je nach Saison kommen Maischollen und andere Fischspezialitäten auf den Tisch. Koch und Köchinnen kann man beim Panieren zuschauen und für Kinder gibt es eine eigene Speisekarte, deren Rückseite zum Malen ist. Die passenden Buntstifte bringt der Service.

100 [D3] **Brauns Restaurant** €–€€, Ellenbogengasse 12, Tel. 0611 301863, www.danielwischer.de, Mo.–Fr. 10.30–19, Sa. 10.30–17 Uhr

---

ter ostwärts erinnert am Michelsberg eine große **Gedenkmauer** an die von den Nationalsozialisten getöteten Juden der Stadt. Sie steht an der Stelle der alten Synagoge.
› Haltestelle: Michelsberg

### ❾ Kaiser-Friedrich-Therme ★★★ [D2]

*Baden wie zu Kaisers Zeiten: In der inzwischen denkmalgeschützten Kaiser-Friedrich-Therme lebt der Glanz wilhelminischer Zeiten auch heute noch. Renoviert und technisch aufgemöbelt zeigt sich das einstige Kurmittelhaus nun als großzügige Badelandschaft, die Saunafreunde ebenso verwöhnt wie Warmwasser-Fanatiker, Wellness-Suchende und Kur-Nostalgiker.*

Mit viel Liebe und noch mehr Sachverstand hat man das kurz vor dem Ersten Weltkrieg gebaute ehemalige Bade- und Kurmittelhaus in den letzten Jahren renoviert. Blickfang ist noch immer die alte Schwimmhalle mit ihrem sehenswerten **Jugendstil-Dekor**. Aber auch Eingangshalle, Dampfbäder und andere Räume warten längst wieder mit ihren Fresken und Keramiken auf.

Angeblich wurde die Anlage auf den Fundamenten eines römischen Schwitzbades errichtet und an den **Badesitten der Römer** sind auch die heutigen Angebote der Therme orientiert. So gibt es ein „Frigidarium", einen Frischluftraum zur Abkühlung nach dem Saunagang, ein „Lumenarium", eine Lichtruhezone mit einem farbigen Himmel, ein „Lavacrum", ein Kaltwassertauchbecken, und ein „Tepidarium", in dem der Gast seine irisch-römische Bade- und Sauna-Tour in 40 bis 45 Grad heißer, trocken-warmer Luft startet. Zehn Grad wärmer ist es im „Sudatorium", noch ein bisschen wärmer im „Sanarium", einem besonderen Saunavergnügen mit den Aromen ätherischer Öle. Und eine finnische Aufguss-Sauna verwöhnt alle, die es ganz heiß und trocken mögen. Daneben gibt es Dampfbäder und Ruhezonen, ein Sandbad und andere **Wellness-Angebote** wie Massagen und Kosmetikanwendungen.

› Langgasse 38–42, Haltestelle: Webergasse, Tel. 0611 317060, www.wiesbaden.de/kft, tgl. 10–22 (Badeschluss: 21.30) Uhr. Von September bis April ist das Bad Fr. und Sa. bis Mitternacht geöffnet (Badeschluss: 23.30 Uhr). Dienstags ist Damentag, Eintritt pro Stunde: 4,50 € im Sommer, 6 € im Winter. Saunatücher und Bademäntel können vor Ort geliehen werden.

## Altstadt

› In der Kaiser-Friedrich-Therme wird textilfrei gebadet, was auch für die Saunen gilt. Personen unter 16 Jahren ist der Zutritt nicht gestattet. Besucher, die keine Badegäste sind, haben einmal monatlich Gelegenheit, die Therme zu besichtigen. Die rund neunzigminütige Führung findet an jedem ersten Freitag im Monat um 8.30 Uhr statt. Die Kosten betragen pro Person 2,50 €, telefonische Reservierung erbeten.

### ❿ Kranzplatz und Kochbrunnen ★★★ [D1]

*Der Kochbrunnen, in dem mehr als ein Dutzend Quellen gebündelt sind, ist Wiesbadens bekanntester Thermalbrunnen und wahrscheinlich auch einer der ältesten. Schon die Römer nutzten hier das warme Quellwasser, das mit einer konstanten Temperatur von fast 70 Grad Celsius aus der Tiefe steigt. Auch im Mittelalter und in der Neuzeit gehörten die Bäder rund um den Kochbrunnen zu den wichtigsten Zielen aller Wiesbaden-Reisenden.*

Erwähnt wurde der Kochbrunnen erstmals im Jahr 1366 als „Bryborn" (Brühborn). 1536 markierte man ihn als „Syedenborn" (Siedeborn). Beide Begriffe kennzeichneten die Beschaffenheit des tief in der Erde **durch Vulkane aufgeheizten Niederschlagswassers**, das mit einer Temperatur zwischen 65 und 70 Grad an die Oberfläche drängt. Heute ist die Quelle durch eine Bohrung gefasst, die stündlich mehr als 20.000 Liter Wasser liefert. Es riecht stark nach **Schwefel** und schmeckt leicht salzig, sodass man es früher auch gern zum Kochen nicht nur von Suppen nahm.

Der Kochbrunnenplatz erhielt erst im späten 19. Jahrhundert sein heutiges Gesicht. Damals legte man für die vielen Kurgäste, die von dem Wasser

## Baden wie die alten Römer

Badeempfehlung für das **irisch-römische Bad** in den Kaiser-Thermen. Irisch-römisch bedeutet übrigens, dass das Bad aus einer Kombination römischer Thermal- und Dampfbäder und trockener, irischer Heißluftbäder besteht.

**1. Durchgang:** Sorgfältige Körperreinigung, sorgfältig abtrocknen, vorwärmen bei 45 °C (6–8 Minuten), anwärmen bei 60 °C (8–10 Minuten), aufwärmen bei 80 °C (8–12 Minuten, max. 15 Minuten). Abkühlen in zwei Schritten: Kühlen unter der Kaltwasserdusche, nachkühlen im Kaltwasserbecken (22 °C), insgesamt 10–12 Minuten. Danach warmes Fußbad (3–5 Minuten) und 5–10 Minuten Warmbaden im Warmwasserbecken (37 °C). Dann kalt duschen, fest abtrocknen, durchatmen, etwas Bewegung. Schließlich 10–15 Minuten Dampfbaden bei 45 °C (100 % relative Luftfeuchtigkeit). Anschließend 1–2 Minuten abkühlen. Danach warmes Fußbad (3–5 Minuten). Zum Schluss 10–12 Minuten im Bademantel liegend ruhen.

**2. Durchgang:** Aufwärmen im Dampfbad bei 45 °C oder im Warmluftraum bei 60 °C oder im Heißluftraum bei 80 °C, insgesamt 12–15 Minuten. Abkühlen in zwei Schritten wie gehabt. Baden im Warmwasserbecken (37 °C). Wieder abkühlen, insgesamt 12–15 Minuten. Zum Schluss sorgfältig abtrocknen, durchatmen und bewegen.

auch trinken wollten, eine **Kolonnade** an. Sie besteht zum Teil noch heute, ist allerdings nicht mehr offen, sondern durch eine Glasfront geschlossen. Sie beherbergt inzwischen das viel frequentierte Bistro-Restaurant Spital (s. S. 28) mit schöner Außenterrasse. Direkt gegenüber befin-

## Wiesbaden entdecken
### Altstadt

det sich die **Hessische Staatskanzlei**, ein repräsentatives Gebäude aus der Gründerzeit. Früher war der stattliche Bau ein Hotel, das während des Zweiten Weltkriegs der deutsch-französischen Waffenstillstands-Kommission als Tagungsstätte diente. Als ein Ausbau zum Luxushotel Ende letzten Jahrtausends scheiterte, übernahm das Land Hessen die Herberge. Seit 2004 residiert dort der hessische Ministerpräsident, der in der Staatskanzlei auch die Kabinettssitzungen der Landesregierung leitet. In Sichtweite der Staatskanzlei findet sich seit einigen Jahren ein angriffslustiger Löwe, eine Skulptur des Bildhauers Thomas Virnich. „**Löwenmähne**" hat er sein Kunstwerk betitelt, das mit dem Löwen im hessischen Wappen allerdings nicht viel gemeinsam hat.

◩ *Ein Trinkpavillon, der Kochbrunnen-Springer und die „Löwenmähne" prägen den Kochbrunnenplatz*

Im **Kochbrunnen-Tempel** an der Südseite des Platzes kann man Tag und Nacht das Wasser kosten oder in Flaschen, Kanistern oder Kannen mitnehmen. Allerdings ist Vorsicht geboten: So liegen die Grenzwerte von Arsen und Mangan leicht über den Empfehlungen der Mineral- und Tafelwasser-Verordnung. Ärzte raten deshalb, auf keinen Fall mehr als einen Liter Kochbrunnenwasser täglich zu sich zu nehmen. Auch zur Zubereitung von Säuglingsnahrung ist das Wasser ungeeignet.

Schräg gegenüber vom Kochbrunnen-Tempel steht der sogenannte **Kochbrunnen-Springer:** ein Springbrunnen, der sich vor allem im Winter häufig hinter Dampfwolken versteckt. Er ist mit einem rötlich-gelben Belag überzogen, der jährlich um sieben Zentimeter wächst. Dabei handelt es sich um Sinterablagerungen, die als „Mattiakische Kugeln" schon in der Römerzeit bekannt waren und vielen Damen zum Färben der Haare dienten. Wer will, kann sich bei den regelmäßigen Brunnenreinigungen die mineralischen Ablagerungen abholen und wie einst die Römerinnen damit die Haare färben.

Im Süden geht der Kochbrunnenplatz in den **Kranzplatz** über. Er war lange Zeit einer der wichtigsten öffentlichen Plätze der Stadt. Vor allem Wanderbühnen, Gaukler und Quacksalber machten hier gern Station. Und im 18. Jahrhundert war er an Sommersonntagen häufig Schauplatz von Theatervorstellungen, zu denen auch der Mainzer Adel gern anreiste. Am Kranzplatz findet sich auch das ehemalige **Palast-Hotel**. Es wurde im März 1905 eröffnet und dient heute als Wohnhaus. Es war eines der ersten deutschen Hotels mit Zimmertelefon. Seine konvex geschwungene

## Der Schwarze Bock – Badehaus mit Tradition

*1486 steht groß an der Tür zur Bar im Hotel Schwarzer Bock. Es ist das Jahr der Hotelgründung. Gerade mal 36 Einwohner hatte Wiesbaden damals, als der Wirt eines Badehauses nahe dem Kochbrunnen ein Schild mit dem schwarzen Kopf eines Bocks vor die Tür hängte. Es sollte, erzählt man sich in der Stadt, an den Eigentümer des Bades erinnern, den Bürgermeister Philipp zu Bock, dessen Markenzeichen angeblich sein schwarzer Haarschopf war. Jedenfalls nutzte man im Schwarzen Bock die umliegenden heißen Quellen, die schon zu römischer Zeit reichlich sprudelten. Antike Kellerfundamente und römische Ziegelsteine, die heute im Hotel zu bewundern sind, erinnern an die Anfänge der Wiesbadener Badekultur.*

*Im 16. Jahrhundert zerstörte ein Brand das Haus, im 30-jährigen Krieg ruinierten es Soldaten aus Frankreich, Schweden und Spanien. Trotz dieser Schicksalsschläge wurde der Schwarze Bock im Lauf des 18. Jahrhunderts zum ersten Haus am Platz. Das Quellwasser diente übrigens nicht nur der Eigenversorgung, sondern wurde gern auch nach Mainz oder Frankfurt verkauft, wohin man es in doppelwandigen Fässern lieferte.*

*Im Vergleich zu heute waren die Hotelzimmer damals noch spartanisch eingerichtet. So hatten alle Betten Strohsäcke mit Unterbett und Haarmatratzen, die schönsten Zimmer besaßen zusätzlich ein Kanapee. Verköstigen mussten sich die Gäste selbst. Sie kochten ihre Mahlzeiten auf den Öfen im Zimmer. Noch vor dem Ersten Weltkrieg wurde der Schwarze Bock durch einen modernen und großen Neubau ersetzt und alle auf dem Hotelgelände gelegenen Quellen zu einer vereinigt und neu gefasst. Sie erhielt in Anlehnung an das Wiesbadener Stadtwappen den Namen Drei-Lilien-Quelle.*

*Im Zweiten Weltkrieg zerstörten Fliegerbomben das Hotel. Nur die Fassade blieb stehen. Schon bald aber konnte der Schwarze Bock wieder an seine Vorkriegs-Glanzzeiten anknüpfen. Zum Schmuckstück wurde das sogenannte Ingelheimer Zimmer mit seinen wertvollen Schnitzereien aus dem 16. Jahrhundert. Inzwischen verfügt der Schwarze Bock über 142 stilvoll eingerichtete Zimmer verschiedenster Preiskategorien, eine Bistro-Bar und unterschiedliche Veranstaltungsräume. Heute wie damals aber ist das vor wenigen Jahren komplett renovierte Badehaus mit seinen Wannenbädern und dem Spa-Bereich der Besuchermagnet, ein Pool lockt Tag für Tag mit mehr als 30 Grad warmem Quellwasser. Europas angeblich ältestes Grand-Hotel ist so bestens für die Zukunft gerüstet!*

› ***Schwarzer Bock*** (s. S. 127), Tel. 0611 1550, www.radissonblu.de/hotel-wiesbaden. Öffnungszeiten Badehaus: Mo.-Do. 11-19, Fr.-So. 9-19 Uhr

Fassade gehört zu den schönsten Beispielen des Jugendstils in Wiesbaden. Bis heute erhalten blieb unter anderem die Schmuckverglasung der Kuppel des ehemaligen Wintergartens. Ebenfalls am Kranzplatz findet sich Wiesbadens ältestes Hotel: der 1486 gegründete **Schwarze Bock**, der heu-

te zur Radisson-Hotelkette gehört. Auch seine Badeanlagen werden vom Kochbrunnen gespeist, der zudem noch für eine Reihe weiterer Abnehmer das Wasser liefert – etwa für das Neue Rathaus ❸ und die Wohnungen im Palast-Hotel.
❯ Haltestelle: Kochbrunnen

# Kurviertel

Das Kurviertel ist **Wiesbadens Schokoladenseite.** Puristen rechnen dazu auch die Gegend um Kranzplatz und Kochbrunnen ❿. Zu den Hauptattraktionen des Kurviertels zählen **Kurhaus** ⓫ und **Staatstheater** ⓬ samt den Kolonnaden und dem Bowling Green, wie englische Kurgäste die große Rasenfläche einst nannten. Dominierend sind auch die vielen Grünflächen wie der **Kurpark** ⓭ oder der **Warme Damm** ⓮. Ebenfalls zum Kurviertel gehört Wiesbadens Prachtboulevard, die **Wilhelmstraße** ⓯ – oder zumindest deren Ostseite. Mit der **Villa Clementine** ⓰ und der **Villa Söhnlein-Pabst** ⓮, dem „Weißen Haus" in der Paulinenstraße, finden sich dort auch einige der schönsten Häuser der Stadt.

Bis ins 19. Jahrhundert war das Gebiet so gut wie nicht besiedelt und diente den Kurgästen nur zum „Lustwandeln". Erst mit dem Bau des später als „Cursaal" bezeichneten Gesellschaftshauses anno 1810 begann die Erweiterung der Stadt Richtung Osten, in deren Rahmen zwischen Sonnenberger und Bierstadter Straße viele neue Villen entstanden. Später dehnte sich die Stadt auch Richtung Nordosten weiter aus und längs der Taunusstraße und im Nerotal ⓱ entstanden prachtvolle Bauten und Parkanlagen.

## ⓫ Kurhaus mit Spielbank ★★★ [F2]

*Wiesbadens Juwel und der wahrscheinlich populärste Bau der Stadt ist das Kurhaus. Jahr für Jahr zählt es gut 200.000 Besucher, vor allem Gäste internationaler und nationaler Kongresse, Tagungen, Konferenzen und Ausstellungen. Aber auch die Veranstalter von Banketten, Firmenpräsentationen, Gala-Diners und Charity-Abenden nutzen gern die historischen Säle. Hauptattraktion jedoch ist die Spielbank mit dem Großen (klassisches Spiel) und Kleinen Spiel (Automatenspiel).*

Das **Glücksspiel** prägt Wiesbadens Geschichte schon seit Jahrhunderten. Fürst Carl von Nassau-Usingen hatte anno 1771 das Privileg dazu verliehen. Später wurde das Roulette eingeführt, dem man im Hotel Adler frönte, wo es abends zudem Konzerte und Bälle gab. Die Zunahme der Kurgäste und ihre Lust, nicht nur ihre Wehwehchen zu beklagen, sondern das Leben auch richtig zu genießen, machte schließlich den Bau eines **„Gesellschaftshauses"** nötig, wie man das erste Kurhaus nannte. 1810 war es fertig, „ein Prachtgebäude in schönstem italienischen Styl", wie es in einer zeitgenössischen Beschreibung hieß.

Auch **Johann Wolfgang von Goethe**, der gern in Wiesbaden kurte, lobte den Bau: „Hier ist ein Saal erbaut, welcher den Weimarer Schloß- und Schießhaussaal vereint darstellt und größer ist als jene zusammen. Dem Freund der Baukunst wird der große Cursaal Vergnügen und Muster gewähren". Rund zweitausend Gäste (buchstäblich halb Wiesbaden) tanzten zur Eröffnung des neuen Gesellschaftshauses.

## Wiesbaden entdecken
### Kurviertel

Im Lauf der Jahre wurde das alte Kurhaus zu klein, sodass man sich zu einem **Neubau** an gleicher Stelle entschloss. 1907 wurde er in Anwesenheit von Kaiser Wilhelm II. seiner Bestimmung übergeben. Als „schönstes Kurhaus der Welt" lobte dieser den Bau. Architekt des 6 Millionen Goldmark teuren Hauses war Friedrich von Thiersch, der durch seinen Entwurf für den Berliner Reichstag berühmt geworden war.

Damals wie heute zeigt sich das Kurhaus mit **zwei gleich großen Flügeln**. Blickfang ist der **ionische Säulenportikus** über dem Haupteingang. Er trägt die Aufschrift „Aquis Mattiacis" und erinnert an die heißen Quellen, die schon zur Römerzeit in Wiesbaden sprudelten. Der **südliche Flügel** beherbergt den nach seinem Erbauer benannten **Friedrich-von-Thiersch-Saal**: einen großen Festsaal mit mehr als tausend Sitzplätzen. Hohe Säulen aus nassauischem Marmor und mit Mahagoni getäfelte Wände sind sein Markenzeichen. An ihn schließt sich der sogenannte **Muschelsaal** an. Seinen Namen verdankt er den mit Kieseln und Muscheln als Symbolen für Wasser und Erde verzierten Fresken. Daneben gibt es kleinere Gesellschaftsräume und Salons, die vielfältig genutzt werden können. Ein kleinerer Festsaal (Christian-Zais-Saal), ein Restaurant und das Kasino mit dem Großen Spiel haben im **Nordflügel** Platz gefunden.

Beide Flügel verbindet das **Foyer**, eine repräsentative Empfangshalle mit einer 21 Meter hohen Kuppel. Vor den Wänden stehen Statuen griechischer Götter, über ihnen befinden sich runde Mosaikmedaillons mit Darstellungen aus der römischen Mythologie. Sie zeigen die Liebesgöttin Venus, den für Heilkunst, Weissagung und Musik zuständigen Gott Apollo, die Jagdgöttin Diana und den Meeresgott Neptun. Darunter sind vor den Kuppelpfeilern vier weitere Marmorfiguren aus der griechischen Sagenwelt zu sehen: Athene,

*Kaiser Wilhelm II. lobte das 6 Millionen Goldmark teure Kurhaus als das schönste der Welt*

## Wiesbaden entdecken
### Kurviertel

Asklepios, Irene mit dem Plutoknaben und nochmals Apollo. Während der Weihnachtszeit ziert gewöhnlich ein gewaltiger **Weihnachtsbaum** das Foyer. Ungewöhnlich ist, dass es sich bei dem mehr als acht Meter hohen Prachtexemplar nicht um eine Tanne handelt, sondern eine Art Pyramide aus mehr als zweitausend roten Weihnachtssternen.

Ein Großteil der **historischen Ausstattung** des Kurhauses fiel im Zweiten Weltkrieg einem Bombenangriff zum Opfer. Danach wurde das Gebäude zunächst nur notdürftig repariert. Erst in den 1980er-Jahren wurde es nach den originalen Bauplänen und alten Fotografien wieder so restauriert, wie es sich vor dem Krieg gezeigt hatte. Mehr als 60 Millionen D-Mark ließ man sich diese Generalüberholung kosten.

Vor dem Haupteingang liegt das sogenannte **Bowling Green**, eine große Rasenfläche mit zwei Springbrunnen. Englische Kurgäste gaben ihm einst den Namen, erinnerte sie das weite

*Nassauischer Marmor und mit Mahagoni vertäfelte Wände zieren den Friedrich-von-Thiersch-Saal*

Grün doch an ihre eigenen „Bowls"-Plätze (französisch: *Boule*). Früher fanden auf dem Platz gelegentlich Konzerte statt, die unter anderem Bryan Adams, Elton John, Eric Clapton, Plácido Domingo oder Lionel Richie nach Wiesbaden führten. Heute ist das Bowling Green nur noch Kulisse für das große Silvesterfeuerwerk und in den nächsten Jahren auch Platz für den „Ball des Sports", der während des Neubaus der Rhein-Main-Hallen dort in mobilen Hallen stattfinden soll. Unter dem Rasen findet sich übrigens eine helle und geräumige Tiefgarage mit mehreren hundert Stellplätzen und direkten Zugängen zu Kurhaus, Spielbank und Staatstheater.

Beidseits der Rasenfläche stehen zwei große Kolonnaden: die Theater- und die Kurhaus-Kolonnade, die auch als Brunnenkolonnade bekannt ist. Die **Kurhaus-Kolonnade** entstand Mitte der 1820er-Jahre und ist mit 129 Metern Länge die wahrscheinlich längste Säulenhalle Europas. Sie sollte den Kurgästen bei schlechtem Wetter als Promenade dienen und Platz für 50 Händler schaffen, die bis dahin ihre Waren in einfachen Buden angeboten hatten. Gut zehn Jahre später entstanden auf der ge-

# Wiesbaden entdecken
## Kurviertel

genüberliegenden Seite die **Theaterkolonnaden**, eine wetterfeste Verbindung zwischen dem alten Kurhaus und der Wilhelmstraße.

Beide Kolonnaden wurden im klassizistisch-modischen Stil der damaligen Zeit gestaltet. Mit Dutzenden dorischer Säulen, die unter einem schlichten Satteldach aneinandergereiht wurden. Ein fast futuristisches Projekt mitten im Biedermeier, das auf die Kurgäste mächtig Eindruck gemacht haben muss. Im Lauf der Jahre wurden die beiden Kolonnaden immer wieder umgebaut, erweitert und ihren Zwecken angepasst. So wurde die Kurhaus-Kolonnade nach dem Einbau einer Trinkstelle für das vom Kochbrunnen eingespeiste Wasser zur Wandelhalle umgestaltet. Später wurde der Bau unter anderem für Vereinsfeste, Ausstellungen, Konzerte und Vorträge, als Tanzschule oder Automobilsalon genutzt. Im östlichen Teil ist heute das **Automatenspiel** der Spielbank untergebracht: Fast 200 „einarmige Banditen" stehen hier in Reih' und Glied.

Das „Große Spiel" residiert im Kurhaus, in dessen Foyer der Spielbetrieb 1949 wieder startete. 1984, nach der umfangreichen Renovierung des Kurhauses, kehrte die Spielbank an ihren angestammten Platz zurück, dessen Wand- und Deckenvertäfelungen zusammen mit den riesigen Kristalllüstern noch immer einen stimmungsvollen Rahmen für Black Jack, Roulette oder Poker bieten. Zwei Jahre später wurde das Residenzverbot von 1771 aufgehoben, das allen Wiesbadener Bürgern bis dahin den Besuch der Spielbank verbot. Die Neuregelung steigerte Besucherzahl und Gewinn. So spülen die rund **200.000 Kasino-Besucher jährlich** inzwischen viele Millionen in die Kassen der Spielbankbetreiber und der Stadt.

Für Roulette-Spieler hält Wiesbaden übrigens eine besondere Form des Spiels bereit, die „**Wiesbadener Super-Zahl**". So ist es ohne zusätzlichen Einsatz möglich, beim Spiel das Zwei-, Drei-, Vier- oder gar Fünffache des normalen Gewinns zu erzielen. Glücksbote ist eine Anzeigetafel mit fünf Zahlenwalzen. Zeigt sie zwei gleiche Zahlen und stimmt die doppelt erschienene Zahl mit der im Roulette-Kessel gefallenen Gewinnzahl überein, wird der Gewinn für alle Gewinnsätze im Zahlenfeld verdoppelt. Erscheinen auf der Anzeige drei, vier oder gar fünf mit der Gewinnzahl übereinstimmende Zufallszahlen, erhöht sich der Gewinn entsprechend. Den Kasino-Gästen werden die „Super-Zahlen" durch eine Fanfare verkündet, die umso klangvoller ertönt, je größer der Gewinn. Ein ähnliches Prämien-System gibt es auch beim Black Jack, wo der „**Wiesbadener JokerJack**" eine Verdoppelung des Gewinns garantiert. Übrigens: Für alle Neueinsteiger gibt es freitags und samstags ab 21 Uhr im Stundentakt Schnupperkurse, die mit den Spielregeln bekannt machen sollen – und bei denen es sogar echte Jetons zu gewinnen gibt.

› **Spielbank Wiesbaden,** Kurhausplatz 1, Tel. 0611 536100, www.spielbank-wiesbaden.de, tgl. 14.45–4 Uhr. Eintritt: 2,50 € (Wochenendkarte: 4 €), Haltestelle: Kurhaus/Theater. Besucher müssen mindestens 18 Jahre alt sein und benötigen einen gültigen amtlichen Ausweis. Herren sollten Hemd und Jackett tragen, wenn möglich auch Krawatte oder Fliege. Das Automatenspiel in den Kurhauskolonnaden ist täglich von 12 bis 4 Uhr zugänglich, auch dort ist ein Ausweis gefragt.

## Kurviertel

### Dostojewski in Wiesbaden

*Mit seinen Spielbankbesuchen machte der Schriftsteller Fjodor Dostojewski Geschichte. 1865 verspielte er beim Roulette in Wiesbaden seine Reisekasse. Nachdem er rund 3000 Goldrubel durchgebracht hatte, war er praktisch mittellos. Sein Verleger wollte ihm nur noch Geld geben, wenn er möglichst schnell einen neuen Roman liefere. So verarbeitete er seine Erlebnisse in der Spielbank in nur wenigen Wochen in seinem Roman „Der Spieler", den er seiner Stenografin und späteren Ehefrau diktierte. Das Buch, das im fiktiven „Roulettenburg" spielt, gehört heute zu den Klassikern der Weltliteratur – eine packende Geschichte um Geldgier, Spielsucht und Eitelkeiten.*

*1871 kam Dostojewski erneut nach Wiesbaden – und verspielte wieder all sein Geld, sodass ihm der Hotelwirt kein Essen, sondern nur noch heißen Tee servierte. Trost suchte er beim Priester der Russisch-Orthodoxen Kirche* ❷⓪*. Nach seinem Besuch dort schrieb er hoffnungsvoll an seine Frau: „Jetzt ist es zu Ende, dies ist das allerletzte Mal gewesen, glaubst Du, dass meine Hände jetzt frei sind? Ich war durch das Spiel gebunden, jetzt werde ich an die Arbeit denken. Jetzt, da ich erneuert bin, werden wir zusammen durch das Leben gehen, und ich werde dafür sorgen, dass du glücklich wirst". Der Literat hielt Wort. Zurück in Russland verfasste er seine letzten beiden großen Werke: „Der Jüngling" und „Die Brüder Karamasow". Heute erinnert an ihn ein historischer Roulettekessel in der Spielbank und eine Büste im Kurpark* ❶❸.

### ❶❷ Hessisches Staatstheater ★★★ [E2]

*Mit über 300.000 Besuchern jährlich zählt das Hessische Staatstheater zu den zehn am besten besuchten deutschen Bühnen. Es verfügt über vier Spielstätten: das Große Haus (1.041 Plätze), das Kleine Haus (272 Plätze), das Studio (89 Plätze) und die externe Wartburg (154 Plätze). Auf dem Programm stehen Schauspiel, Ballett, Musiktheater und Konzerte. Außerdem gibt es ein eigenes Ensemble für Kinder- und Jugendtheater. Neben dem regulären Programm organisiert das Staatstheater die Internationalen Maifestspiele und alle zwei Jahre die Theaterbiennale „Neue Stücke aus Europa", das nach eigenen Angaben weltweit größte Festival für europäische Gegenwartsdramatik.*

Wiesbadens Theatergeschichte bestimmten anfangs Wanderbühnen, die auf den großen Plätzen der Stadt auftraten, später auch in großen Sälen. Schließlich gab es ein privat finanziertes, staatlich subventioniertes Theater. Anfang des 19. Jahrhunderts schließlich finanzierten die nassauischen Herzöge zusammen mit der Stadt einen eigenen Musentempel und eine kleine Truppe von Schauspielern und Sängern: das **Herzoglich Nassauische Hoftheater**, das lange Jahre aus Kostengründen mit dem Mainzer Theater kooperierte.

Angesichts der immer zahlreicher werdenden Kurgäste erwies sich das Hoftheater mit der Zeit als zu klein, sodass ein Neubau nötig wurde. Nach nicht einmal zweijähriger Bauzeit war der 1894 fertig. Geplant hat-

▷ *Schiller-Denkmal vor dem Hessischen Staatstheater*

## Wiesbaden entdecken
### Kurviertel

ten den 1,8 Millionen Goldmark teuren Prachtbau die **Wiener Architekten Fellner und Helmer,** die ähnlich prunkvolle Theaterneubauten zuvor schon in Wien und Zürich geschaffen hatten. Acht Jahre später fügte man dem neobarocken Bau an der Ostseite für weitere 584.000 Mark ein **Foyer** an, das noch prächtiger war als der Zuschauerraum: eine 400 Quadratmeter große Halle im Geist der Zeit, deren Baumeister sich stilistisch an den Schlossbauten in Bruchsal und Würzburg orientierten. „So etwas haben wir in Berlin nicht", soll der letzte deutsche Kaiser bei der Einweihung des Anbaus gesagt haben, der rechtzeitig zu den Maifestspielen 1902 fertig geworden war. Nach den gesellschaftlichen Regeln der Wilhelminischen Ära hatten damals nur die Besucher des Parketts und des ersten Rangs Zutritt zum Foyer. Die Gäste des zweiten Rangs konnten nur durch Löcher in der Gewölbedecke in den Saal sehen. Besuchern des dritten Rangs war gar kein Einblick möglich.

Blickfang des Foyers sind neben der **Treppe,** die vom ersten Rang ins Erdgeschoss führt, zahlreiche **Frauengestalten auf dem Kranzgesims.** Sie sollen Scherz, Wahrheit, Würde, Frohsinn, Gerechtigkeit und Ernst verkörpern. Ein **Deckengemälde** zeigt die Erhebung der Menschheit durch die vom Himmel herabsteigende Kunst. Heute dient das Foyer mit seinem kleinen Restaurant, das neunzig Minuten vor Vorstellungsbeginn seine Tore öffnet, vor allem als Pausentreffpunkt.

Nur zur Schau hat man dem Wiesbadener Theater an seiner Rückseite einen reich verzierten Giebel mit einem klassischen **Säulenportikus** verpasst. Davor steht ein **Denkmal Friedrich Schillers,** dessen Satz „Der Menschheit Würde ist in Eure Hand gegeben. Bewahret sie!" seit 1905 die Giebelwand ziert. Auf dem Dach ziehen einer Quadriga ähnliche Gespanne die Blicke an. Sie zeigen unter anderem **Euterpe,** eine der neun olympischen Musen, die Musik und Lyrik verkörpert, in einem von drei Panthern gezogenen Streitwagen.

Seit seiner Gründung wechselte das Theater immer wieder seine **Trägerschaft.** So übernahm 1932

**EXTRATIPP**
### Eiszeit im Theaterschatten
Jährlich zum Jahreswechsel verwandelt sich der Platz am Warmen Damm ⓴ vor dem Hessischen Staatstheater ⓬ in eine Winterlandschaft. Dann lädt eine große **Eisbahn** Jung und Alt zum **Schlittschuhlaufen.** Es gibt zwei Curlingbahnen und Glühwein hilft beim Aufwärmen!

die Stadt Wiesbaden die Bühne vom Land Preußen und aus dem „Preußischen Staatstheater" wurde das „Nassauische Landestheater". 1947, die Trägerschaft war inzwischen zum neu geschaffenen Bundesland Hessen gewechselt, nahm die Bühne ihren Spielbetrieb als „Großhessisches Staatstheater" und später als „Hessisches Staatstheater Wiesbaden" auf. **Brände und Kriege** bremsten immer wieder den Spielbetrieb. So zerstörten Bomben in der Nacht vom 2. auf den 3. Februar 1945 die Nordseite des Theaters samt der prunkvollen Decke im Zuschauerraum, die nach Kriegsende aus Kostengründen ganz zeitgenössisch neu gestaltet wurde.

## Internationale Maifestspiele: Gütesiegel von Weltrang

Wiesbadens Maifestspiele zählen zu den traditionsreichsten Kulturveranstaltungen Deutschlands. Opern- und Schauspielinszenierungen namhafter Theaterensembles, exzellente Tanzaufführungen, Konzerte, Lesungen und Gala-Abende mit weltbekannten Sängerinnen und Sängern locken jährlich viele Tausend Besucher in die hessische Hauptstadt. Unter ihnen sind auch mehr und mehr Kinder und Jugendliche, für die man mit der **„Jungen Woche"** einen eigenen Programmrahmen geschaffen hat.

Die Idee zu den Maifestspielen lieferte Bayreuth mit seinen Richard-Wagner-Festspielen, Deutschlands ältestem und erfolgreichstem Opernfestival. Kein Wunder, dass man nach der Eröffnung des neuen Theaters 1894 in Wiesbaden die Idee eines Musikfestivals ebenfalls aufgriff. Und weil auch der damalige deutsche Kaiser, der gewöhnlich im Mai in der Stadt kurte, daran Gefallen fand, wurden die Maifestspiele Wiesbaden geboren.

„Festspiele auf allerhöchsten Befehl" stand auf Plakaten und Programmen, die 1896 zu den ersten Maifestspielen einluden. Der Kaiser und die Kaiserin gehörten zu den Premierengästen und wie in Bayreuth bildeten auch in der Kurstadt die Opern Richard Wagners den Schwerpunkt der Aufführungen. Gern gespielt wurde aber auch Carl Maria von Webers „Oberon", eine der populärsten Opern jener Zeit.

Der **Erste Weltkrieg** zwang zu einer Festspielpause. Im neuen „Preußischen Staatstheater" aber knüpfte man schon bald wieder an die erfolgreichen Vorkriegsjahre an. Höhepunkte markierten unter anderem die Erstaufführung von Richard Strauss' Oper „Die ägyptische Helena", die er selbst dirigierte, oder eine Aufführung Arthur Schnitzlers dramatischer Dichtung „Der Gang zum Weiher". Mit der **Gleichschaltung der Theater im Dritten Reich** verloren die Maifestspiele schließlich an Bedeutung und fanden bis 1939 nur noch im Rahmen der sogenannten Gaukulturwochen statt.

Umso glanzvoller war 1950 der Festival-Neustart. **„Internationale Maifestspiele"** hießen sie jetzt, was bedeutete, dass auch ausländische Bühnen zu den Aufführungen eingeladen wurden. Zu den ersten Gästen nach dem Zweiten Weltkrieg gehörten die Wiener Staatsoper, die Römische Oper und die französische Grand Opéra National. Aber auch die Wiesbadener Eigenproduktionen brauchten sich angesichts der internationalen Gäste nicht zu verstecken. In den

## Wiesbaden entdecken
### Kurviertel

Das prächtige Foyer wurde in der Spielzeit 1949/50 vom Theater abgetrennt und bis 1956 als Spielkasino genutzt. Mit Lessings „Nathan der Weise" wurde 1950 das Kleine Haus eröffnet. Ende der 1970er-Jahre wurde das mittlerweile in die Jahre gekommene Staatstheater gründlich saniert und mit einem **Anbau** verse-

*1960er- und 1970er-Jahren, als der Eiserne Vorhang zwischen Ost und West langsam durchlässiger wurde, kamen auch mehr und mehr osteuropäische Ensembles. So zum Beispiel die Warschauer Oper, die Ungarische Staatsoper, die Rumänische Oper aus Bukarest, das Ballett des Leningrader Kirow-Theaters oder das Moskauer Bolschoi-Ballett, das gleich mehrmals in Wiesbaden gastierte.*

*Wegen des Umbaus des Staatstheaters entschied man sich 1978, anstelle der Maifestspiele „Internationale Festliche Tage" zu veranstalten. Sie währten gleich ein halbes Jahr und setzten mit einer eindrucksvollen Festaufführung von Richard Wagners „Meistersinger" zur Wiedereröffnung des Großen Hauses den glanzvollen Höhepunkt. Schließlich kamen Gastbühnen aus Nordeuropa, Spanien und Amerika nach Wiesbaden und neben dem Sprechtheater wurden auch **Kinder- und Jugendbühnen** mehr und mehr Festivalplatz eingeräumt. Heute bieten die Maifestspiele Theater von höchstem Niveau, von der Barockoper bis zum modernen Tanztheater. Das gewichtige Angebot honoriert übrigens auch das Publikum. So sind während der Wiesbadener Maifestspiele im Durchschnitt neun von zehn Sitzplätzen belegt. Eine Zahl, die für sich spricht!*

hen, in dem Proberäume, Werkstätten, Intendanz und Verwaltung untergebracht wurden. Im Gegensatz zum steinernen Altbau setzte man beim Neubau auf große Glasfassaden. Gleichzeitig wurde der Zuschauerraum des **Großen Hauses** nach historischem Vorbild rekonstruiert. Seitdem zieren ihn wieder eindrucksvolle Deckenmalereien und ein riesiger Kronleuchter.

Mit über 300.000 Besuchern zählt das Hessische Staatstheater zu den erfolgreichsten Bühnen der Republik. Das liegt vor allem am breiten Repertoire, zu dem neben Schauspiel und Theater auch Operette, Musical, Ballett und andere Sujets zählen. Es ist auch auffallend, wie beliebt das Theater bei jungen Leuten ist.

› **Hessisches Staatstheater Wiesbaden** (Großes Haus/Kleines Haus/Studio), Christian-Zais-Str. 3, www.staatstheater-wiesbaden.de, Theaterkasse: Tel. 0611 132325, Ticketverkauf Mo.–Fr. 10–19.30, Sa. 10–14, So. 11–13 Uhr, Haltestelle: Kurhaus/Theater

### ⓭ Kurpark ★ [G2]

Träumen und Entspannen inmitten der Großstadt: Der anno 1852 im Stil eines englischen Landschaftsgartens angelegte Kurpark macht das möglich. Kilometerlang erstrecken sich seine Wiesen, Teiche, Blumenbeete und Baumflächen Richtung Sonnenberg ㊱. Vor allem an sonnigen Wochenenden und Feiertagen verwandelt sich die grüne Oase hinter dem Kurhaus in einen **mediterranen Korso**. Jung und Alt stolzieren an Azaleen, Magnolien, Sumpfzypressen und Rhododendren vorbei. Viel Prominenz hat sich hier schon amüsiert. So wird in Wiesbaden gern erzählt, dass der junge **Elvis Presley** im Kurpark seiner

## Wiesbaden entdecken
### Kurviertel

> **EXTRAINFO**
>
> **Kurpark in Zahlen**
> › 75.000 m² Gesamtfläche
> › gut 700 Bäume
> › 74 Baumarten

späteren Frau Priscilla, die es mit ihrem Stiefvater 1959 nach Wiesbaden verschlagen hatte, den Hof gemacht hätte.

Gleich am Eingang findet sich das sogenannte **Nizza-Plätzchen** mit einigen Säulen des alten Kurhauses, das Anfang des 20. Jahrhunderts dem heutigen Bau weichen musste. Dort auch steht die Büste des russischen Schriftstellers **Fjodor Dostojewski** (s. S. 70), der im Wiesbadener Kasino ein Vermögen verspielte.

Hauptattraktion des Kurparks ist ein **Weiher** mit einer **sechs Meter hohen Fontäne**. Von Mai bis Oktober kann er mit kleinen Booten (Verleih: Mi.–Fr. ab 15, Sa.–So. ab 11 Uhr) befahren werden. Ein schöner Freizeitspaß! In der **Konzertmuschel** hinter dem Kurhaus fanden früher täglich Kurkonzerte statt. Heute bietet sie gelegentlich Rock-, Pop- oder Jazzmusikern Platz, die hier zum Beispiel im Rahmen des Rheingau Musik Festivals (s. S. 36) auftreten. Hunde müssen im nachts geschlossenen Kurpark an die Leine. Ein anderes Schild richtet sich an die Radler: „Vernünftige fahren hier nicht Rad. Den anderen ist es verboten."

### ⑭ Warmer Damm mit Villa Söhnlein-Pabst ★★ [F3]

*Zu den schönsten Parkanlagen Wiesbadens gehört der Warme Damm, eine grüne Oase mit Teich und Spazierwegen inmitten der Stadt. Der Mitte des 19. Jahrhunderts im Stil englischer Landschaftsgärten angelegte Park säumt die Wilhelmstraße ⑮ und grenzt im Norden an das Hessische Staatstheater ⑫ und im Süden an die Villa Clementine ⑯, die wahrscheinlich schönste öffentlich zugänglichen Stadtvilla. „Weißes Haus" wird im Volksmund die nur ein paar Schritte weiter gelegene Villa Söhnlein-Pabst genannt, die ein reicher Sektfabrikant einst für seine Gattin bauen ließ.*

Die **Parkanlage** verdankt ihren Namen einem Damm, der den sogenannten **Warmen Weiher** begrenzte, einen 1805 zugeschütteten Teich, in dem sich bis dahin das nicht genutzte Wasser der Wiesbadener Thermalquellen sammelte und den man gern als Pferdeschwemme nutzte. Nach und nach wurde der Warme Weiher schließlich trockengelegt und als eine Art Verlängerung des Kurparks zum **Gesellschaftsgarten** umgestaltet. Heute steht er mit seinen rund 200 Bäumen, einem Spielplatz und einem Freiluft-Schachspiel **unter Denkmalschutz**. Im großen **Teich** tummeln sich Graureiher neben Nilgänsen,

◁ *Nicht nur Washington besitzt ein „Weißes Haus". Das in Wiesbaden schuf ein Sektfabrikant.*

## Kurviertel

Teichrallen und Stockenten. Blickfang im Park ist das große **Denkmal für Kaiser Wilhelm I.**, das Ende des 19. Jahrhunderts in Anwesenheit des Kaisers eingeweiht wurde. Aufmerksamkeit verdienen auch zwei spielende **Bronzepferde**, eine 1962 entstandene Plastik des Bildhauers Gerhard Marcks.

An das Ostende des Parks grenzt die **Villa Söhnlein-Pabst**. Der Stadtpalast wurde Anfang des letzten Jahrhunderts im Namen des Sektfabrikanten Friedrich Wilhelm Söhnlein und seiner Frau Emma Pabst erbaut. Weil der Bauherr seiner aus einer amerikanischen Brauerei-Dynastie stammenden Gattin etwas Besonderes bieten wollte, ließ er das Gebäude nach dem Vorbild des amerikanischen Präsidentenpalastes, des Weißen Hauses in Washington, planen. Deshalb nennen die Einheimischen den Stadtpalast noch heute gern „Weißes Haus".

Das **US-Militär** nahm das Gebäude nach dem Zweiten Weltkrieg denn auch prompt in Beschlag und benutzte es zuletzt als Hauptquartier des Standorts Wiesbaden. Zeitweise gehörte zur Villa auch ein Musikzentrum, in dem unter anderem **Elvis Presley** während seines Militärdienstes in Deutschland auftrat. 1995 ging die Villa in den Besitz des Landes Hessen über, das sie kurzzeitig als Außenstelle der Hessischen Staatskanzlei nutzte. Ende der 1990er-Jahre wollte man die ganze Landesbehörde hier unterbringen. Doch weil sich der Plan zerschlug, verkaufte Hessen die Villa Söhnlein-Pabst 2005 an einen Bauunternehmer, der den Palast sanierte und ihn heute als Wohnhaus und Event-Location nutzt.

› **Villa Söhnlein-Pabst,** Paulinenstraße 7, Haltestelle: Friedrichstraße

### ⓯ Wilhelmstraße ★★★ [E3]

„Die Rue" nennen die Einheimischen die Wilhelmstraße. Sie ist Wiesbadens **Prachtboulevard**. Bereits Anfang des 19. Jahrhunderts war sie Treffpunkt der City-Bummler, die hier bis heute gern auf und ab flanieren – meist auf der **Westseite**, wo sich vornehme Läden mit großen Schaufenstern und Cafés finden. Stattliche Villen und ein großer Park kennzeichnen dagegen die **Ostseite** der Wilhelmstraße. Ihr Namen erinnert an den nassauischen **Herzog Wilhelm I. von Nassau-Weilburg**, dem Wiesbaden neben dem Jagdschloss Platte ㉟ auch den Bau des neuen Stadtschlosses ❹ verdankt.

Rund viermal so breit wie die barocken Altstadtstraßen sollte der Anfang des 19. Jahrhunderts fertiggestellte Boulevard den Stolz des aufstrebenden Kurstädtchens verkörpern und den Norden Wiesbadens mit dem Süden verbinden. An ihrem nördlichen Ende fand das Bowling Green mit dem Kurhaus ⓫ Platz. Weiter südlich legte man den sogenannten Warmen Damm ⓮ an. Noch weiter südlich trifft man auf prächtige Stadtpaläste wie die Villa Clementine ⓰ oder das Haus Wilhelmstraße 15, in dem heute der **Nassauische Kunstverein** (s. S. 30) auf rund 350 m² Ausstellungsfläche vorwiegend junge, experimentelle Kunst aus dem In- und Ausland zeigt.

Hinter der Villa Clementine befindet sich die **anglikanische Kirche Sankt Augustin**. Das neogotische Gotteshaus entstand Mitte des 19. Jahrhunderts und erhielt 1887/88 seinen Glockenturm. Bauanlass war die damals starke Zunahme britischer Kurgäste, denen Wiesbaden einen Raum für religiöse Andacht und Got-

# Wiesbaden entdecken
## Kurviertel

tesdienst schaffen wollte. Bis Anfang 2014 diente das inzwischen baufällige Gebäude der Church of England für den Gottesdienst.

Eine Reihe stattlicher Bauten findet sich auch auf der Westseite der Rue. Dazu gehört der sogenannte **Erbprinzenpalast** (Wilhelmstraße 24), in dem heute die Industrie- und Handelskammer (IHK) residiert. Der klassizistische Palast wurde eigens für Herzog Friedrich Wilhelm von Nassau-Weilburg errichtet, der jedoch schon bald aus dem noch nicht ganz fertiggestellten Bau wieder auszog, weil er früher als erwartet die Amtsgeschäfte übernehmen musste. Aus dem Palast wurde so ein Verwaltungsgebäude, das im Lauf der Zeit unter anderem als Museum, Behördenzentrum und Ministerium genutzt wurde, ehe es zum Sitz der IHK Wiesbaden wurde.

Weiter nördlich findet sich ein kleines Plätzchen mit dem **Bronzedenkmal Kaiser Friedrichs III.**, der nur 99 Tage regierte. Das Kaiser-Friedrich-Plätzchen war einst ganz von klassizistischen Bauten umgeben. Davon steht heute nur noch der **Nassauer Hof** (s. S. 127), Wiesbadens exklusivstes Hotel, das zur Vereinigung „The Leading Hotels of the World" gehört und unter anderem schon Wladimir Putin, Richard Nixon, Luciano Pavarotti, John F. Kennedy, Audrey Hepburn und den Dalai Lama beherbergte. Mit der „Ente" verfügt das Hotel zudem über ein Restaurant, das seit 1979 jährlich mit einem Michelin-Stern gekrönt wurde.

› Haltestelle: Wilhelmstraße

### ⓰ Villa Clementine ★★ [E4]

*Die Villa Clementine in der Wilhelmstraße, benannt nach der Unternehmergattin Clementine Meyer, zeigt noch heute recht gut, wie der Geldadel im ausgehenden 19. Jahrhundert lebte. Der Prachtbau wurde 1882 vollendet und hat seitdem eine bewegte Geschichte hinter sich. Wiesbadens bekannteste Stadtvilla dient heute als Café und literarischkünstlerischer Treffpunkt.*

Für den Mainzer Fabrikanten **Ernst Meyer** war der Bau der Villa die Verwirklichung eines Traumes. Wie viele reiche Unternehmer damals wollte er nicht nur ein Wohnhaus, sondern eine **prunkvolle Residenz** zum Repräsentieren. Er beauftragte einen jungen Architekten aus Biebrich mit der Planung, dessen Vorbild der renommierte Architekt Gottfried Semper war, Planer unter anderem der Dresdner Oper und der Wiener Neuen Hofburg.

Geld spielte beim Bau der Villa, die 1882 fertig wurde, kaum eine Rol-

› *Die Villa Clementine, Wiesbadens schönstes öffentlich zugängliches Stadthaus, ist prächtig ausgestattet*

# Wiesbadener Prinzenraub

Es war eine spannende Geschichte, die 1888 die Massen in Atem hielt: eine Story nicht nur für Klatschreporter mit zwei königlichen Akteuren in der Hauptrolle, die sich gegenseitig nicht ausstehen konnten, und ihrem gemeinsamen Sohn Alexander, der darunter zu leiden hatte.

Angefangen hatte alles, als die in Florenz geborene **Königin Natalija von Serbien** ihren Gatten **König Milan** verließ. „König Lustig des Balkans" nannte man ihn damals gern: ein trunk- und verschwendungssüchtiger Lebemann, der seiner Gattin, die anders geerdet war, mit der Zeit gewaltig auf die Nerven ging. Damit ihr Sohn nicht wie sein Vater werde, hatte Natalija im April 1887 mit ihrem Königsgemahl einen Ehevertrag geschlossen. Er sah vor, **Kronprinz Alexander** in einer ausgewählten Stadt Deutschlands erziehen zu lassen, die eine orthodoxe serbische oder russische Kirche besitzen sollte. Über Florenz und Wien reiste die Königin aus Serbien so nach Wiesbaden, wo sie mit dem kleinen Alexander schließlich in der Villa Clementine ⓰ Unterkunft fand.

Nur wenig später reichte König Milan die Scheidung ein. Davon aber wollte Natalija nichts wissen, deshalb verlangte der König, ihn als „Gatten und Vater" anzuerkennen. Zum Beweis sollte sie den Kronprinzen allein nach Belgrad zurückschicken. Weigere sie sich, werde er seinen Sohn mit Gewalt zurückholen. Gleichzeitig bemühte er sich über diplomatische Kanäle um die Auslieferung seines Sohnes, der sich Natalija aber immer widersetzte. Am Vorabend des 13. Juli 1888 schließlich begann der Showdown des Dramas. Wiesbadens Polizeipräsident besuchte die Königin, um ihr mitzuteilen, dass der elfjährige Alexander am nächsten Morgen um zehn Uhr abgeholt werde - „wenn nötig mit Gewalt". Im Taunusbahnhof um die Ecke warte bereits ein Salonwagen auf den Kronprinzen. Zuletzt hatte ihr auch Kaiser Wilhelm II. in einem persönlichen Telegramm empfohlen, ihren Sohn zurückzuschicken.

Nächsten Morgen umstellten Schutzleute und Geheimpolizisten den Stadtpalast. Gegen zehn Uhr begaben sich zwei hohe serbische Militärs, die von Milan zum Adjutanten des Kronprinzen bestimmt waren, in die Villa, in der wenig später auch Wiesbadens Polizeipräsident eintraf. Kurze Zeit später wurde der junge Kronprinz zum Taunusbahnhof gebracht, wo man seinen Salonwagen an einen fahrplanmäßigen Zug Richtung Belgrad anhängte. „Prinzenraub" titelten daraufhin die Zeitungen über den Polit-Skandal.

Seinem Vater übrigens stand Alexander in Sachen Frauengeschichten, Trunk- und Verschwendungssucht kaum nach. Im Sommer 1900 sorgte er für einen handfesten Skandal, als er die fast zehn Jahre ältere **Hofdame** seiner Mutter heiratete: Draga, eine mannstolle Frau. 1903 wurde das im Volk verhasste Paar ermordet. Natalija, Alexanders Mutter, konvertierte 1902 zum katholischen Glauben und ging nach dem Tod ihres Sohnes als Nonne ins Kloster. Einer ihrer Sinnsprüche lautete: „Bloß für sich zu besitzen ist nichts; aber auch für den Andern etwas zu erübrigen, das ist etwas und geradezu Alles!"

## Wiesbadens Norden

le. So wurde das Treppenhaus des **klassizistischen Baus** mit schwarzen Marmorstufen ausgestattet, prächtige Stuckdecken zierten die Zimmer. Wintergärten und Terrassen kamen dem Geltungsbedürfnis des Bauherren ebenso entgegen wie die filigranen Geländer aus Eisenguss. Es gehört zur Ironie des Schicksals, dass die Hausherrin Clementine kurz vor Fertigstellung der Villa, die nach ihr benannt wurde, starb.

1888 geriet das Stadtpalais mit dem „**Wiesbadener Prinzenraub**" (s. S. 77) in die Schlagzeilen der Weltpresse. Wenige Jahre später wurde das Gebäude verkauft und fand im Folgenden immer neue Nutzer und Nutzungen – von der Bank bis zur Arztpraxis, vom Café bis zum Restaurant. 1960 übernahm die Stadt Wiesbaden die Villa Clementine, um sie abzureißen. Sie sollte durch einen an dieser Stelle geplanten U-Bahnhof ersetzt werden. Anfang der 1970er-Jahre aber wurden diese Pläne aufgegeben und die Villa gründlich renoviert. Frisch herausgeputzt diente sie dem Hessischen Rundfunk schließlich als Kulisse zur **Verfilmung der „Buddenbrooks"** von Thomas Mann.

Heute wird die Villa Clementine als **Literaturhaus** für Diskussionen und Lesungen genutzt. Im Erdgeschoss hat der Wiesbadener Presseclub sein Domizil, im zweiten Obergeschoss haben die hessischen Verleger und Buchhändler ihren Verbandssitz. Tagesbesucher empfängt ein **Café** (s. S. 25) im ersten Stock zu Frühstück, Lunch und Kuchen. Vom alten Glanz hat der Prachtbau nichts verloren: Sogar die Toiletten haben heute Stuckdecken!

> Frankfurter Straße 1/Ecke Wilhelmstraße, Haltestelle: Friedrichstraße/Dern'sches Gelände

# Wiesbadens Norden

### ⑰ Bergkirchenviertel und Nerotal ★ [D1]

Aus der Innenstadt führt die breite **Taunusstraße** in das Nerotal. Juweliere, Blumengeschäfte, Cafés, Restaurants, Bars, Boutiquen und Feinkostläden bestimmen das Bild der Richtung Taunus führenden Straße. Rechts und links ist sie von **prächtigen Bürgerhäusern** gesäumt, Zeugen des Historismus, mit dem Wiesbaden touristisch punktet. Die Parallelstraße heißt **Nerostraße.** Hier befinden sich Antiquitätenläden neben Cafés und Shisha Lounges, Friseuren und Massagesalons – eine gelungene Mischung moderner Urbanität.

Weiter westlich steigt das Gelände an. Dort erhebt sich das **Bergkirchenviertel** mit der Bergkirche und ein paar einfachen Häusern aus dem 19. Jahrhundert. „**Katzelöcher**" hießen sie einst im Volksmund. Das im Krieg von größeren Schäden weitgehend verschonte Quartier verkam in den Wirtschaftswunderjahren. 84 Prozent der Wohnungen hatten keine Zentralheizung, 71 Prozent keine Toiletten, sodass die Stadtplaner das Viertel zum Slum erklärten. Ende der 1960er-Jahre sollten alle Häuser abgerissen und durch Neubauten ersetzt werden. Doch die Bürger wehrten sich dagegen und setzten ein umfangreiches **Sanierungsprogramm** durch, das erst Anfang des 21. Jahrhunderts ganz abgeschlossen wurde. Seitdem zeigt sich das Bergkirchenviertel als **gelungenes Beispiel großflächiger Stadtsanierung.** Ein Besuch hier ist jedem zu empfehlen, der sich für die einfache Architektur des 19. Jahrhunderts interessiert. Ein ganz anderes Gesicht dagegen zeigt das **Nerotal.** Hier ballen

## Leichtweißhöhle

*Im Sommer gehört die Leichtweißhöhle im Nerotal vor allem für Eltern mit Kindern zu den beliebten Ausflugszielen. Ihr Name erinnert an den Wilderer Heinrich Anton Leichtweiß. Eine Legende erzählt, dass die natürliche Höhle ihm Ende des 18. Jahrhunderts als Unterschlupf gedient haben soll. Beweise dafür gibt es nicht. 1856 jedenfalls entdeckte der Wiesbadener Verschönerungsverein die Höhle als Besucherattraktion für die zahlreicher werdenden Kurgäste. So wurde eine mit Moos ausgepolsterte und nur über eine Leiter zu erreichende Nische zu Leichtweißens Bett erklärt und die Räume wurden mit Bildern und Waffen dekoriert. Der Eingang zur Höhle und die nähere Umgebung wurden dem damaligen Zeitgeist entsprechend romantisch mit künstlichem Wasserfall, Holzbrücke, Geländern aus Astwerk und einem Aussichtstempel gestaltet. Eine Art „Disneyland en miniature", das 1905 sogar der Kaiser mit seiner Gattin besuchte.*

*„In dieser Felsenhöhle tief unter der Erde hat der berühmte und berüchtigte Heinrich Anton Leichtweiß, der verwegene Räuber und Wildschütz des Rheinlandes, gehaust. Noch heute strömen alle Fremden, welche den Kurort Wiesbaden besuchen, hinaus zur Leichtweißhöhle, zu der geheimnisvollsten Räuberhöhle der Welt", schrieb 1880 eine Leipziger Zeitung über das beliebte Ausflugsziel. Mit der Abnahme der Kurgäste verlor auch die Höhle aber an Bedeutung und verfiel mit der Zeit mehr und mehr. Erst in den 1980er-Jahren wurde die Anlage erneuert. Seitdem steht sie im Sommerhalbjahr wieder regelmäßig Besuchern offen.*

★102 *[dg]* **Leichtweißhöhle,** *Nerotal, Tel. 0611 54539, geöffnet 15. April–31. Oktober, Mi. 10–14, Fr. 14–18, So. 13–18 Uhr, Eintritt frei*

sich die **Villen** der Stadt. Mehr als Tausend waren es, die das Bild der Stadt in der Kaiserzeit prägten. 900 sollen es noch immer sein, oft mehrstöckige Bürgerpaläste, deren Existenz Wiesbaden mit bewogen haben soll, seine steinernen Geschichtszeugen dem **UNESCO-Weltkulturerbe** zu unterstellen. Das Nerotal wird vom Schwarzbach durchflossen, der auch die Teiche der großen **Parkanlagen** speist. Sie gehören zu den ältesten und populärsten in Hessens Hauptstadt und entstanden in den Jahren 1897/8. Fünf- bis sechstausend Pflanzen wurden damals gesetzt, darunter viele Hundert verschiedene Bäume und Sträucher, sodass man den Park damals gern „Wiesbadens Botanischen Garten" nannte. Auch heute ist die Vielfalt der Bäume erstaunlich. Dort finden sich Exoten wie der Japanische Perlschnurbaum, die Chinesische Zaubernuss oder der Amerikanische Zürgelbaum.

Blickfang in der von Teichen und kleinen Brücken geprägten Parkanlage ist das 1909 geschaffene **Kriegerdenkmal** mit dem steinernen Reiter, das an die im Deutsch-Französischen Krieg 1870/71 gefallenen Nassauer Soldaten erinnert. Ein anderes Denkmal ist **Otto von Bismarck** gewidmet, dem ersten Reichskanzler, der ebenfalls gern in Wiesbaden zu Gast war. Am Ende der Parkanlage befin-

## Wiesbadens Norden

det sich die **Talstation der Nerobergbahn** ⑱. Der Weg führt weiter in den Landschaftspark Oberes Nerotal mit der legendären Leichtweißhöhle (siehe Exkurs S. 79).
⟩ Haltestelle: Kriegerdenkmal oder Nerotal

### ⑱ Nerobergbahn ★★★ [dh]

*Nostalgie pur! Mehr als 125 Jahre ist die Nerobergbahn alt, die Besucher auf Wiesbadens Hausberg bringt. Dreieinhalb Minuten braucht die Standseilbahn, um von der Talzur Bergstation auf 245 Meter Höhe zu gelangen. Geräuscharm und völlig schadstofffrei übrigens, denn die Nerobergbahn treibt Wasserkraft an. Mit über 300.000 Fahrgästen im Jahr 2013 gehört das Bergbähnchen zu den wichtigsten Besucherattraktionen der Stadt.*

Mit der Erfindung des Zahnstangenbetriebs war Ende des 19. Jahrhunderts der Weg für die Bergbahn frei. Im November 1886 erteilte die Stadt einem Baden-Badener Unternehmer die Erlaubnis für den Bau einer „**Drahtseil-Zahnstangen-Bahn**" auf den Neroberg, die im September 1888 schließlich in Betrieb ging. Sie war vor allem für die vielen Kurgäste gedacht, denen man im Sommer so den Aufstieg auf den Wiesbadener Hausberg erleichterte, denn die Nerobergbahn überwindet auf einer Länge von 438 Metern und einer durchschnittlichen Steigung von 19 % einen Höhenunterschied von 83 Metern.

Der Bau der Bahn war umstritten. Vor allem das **Viadukt** am Streckenanfang fand bei vielen Bürgern kein Gefallen. Auch Kaiser Wilhelm II. rügte nach einem Ausritt ins Nerotal das Bauwerk als Verschandelung der Landschaft. Zudem gerieten die **Baukosten** mit 222.352 Goldmark mehr als doppelt so hoch wie veranschlagt. Allen Unkenrufen zum Trotz gab es aber mit knapp 115.000 Fahrgästen schon im Eröffnungsjahr der Bahn einen ersten Besucherrekord.

1923 stellte man den Betrieb aus wirtschaftlichen Gründen ein, zwei Jahre später übernahm die Stadt das zuvor von einer Privatgesellschaft betriebene Bähnchen. **Nach dem Ende des Zweiten Weltkriegs** beschlag-

# Wiesbaden entdecken
## Wiesbadens Norden

nahmten es die Amerikaner, die es erst 1948 wieder für allgemeine Fahrten freigaben. Seitdem wurden Schienen und Bahnen mehrmals saniert. Heute informiert ein kleines **Museum** im ehemaligen Toilettenhäuschen an der Talstation über die Geschichte der Nerobergbahn und ihre faszinierende **Antriebstechnik:** Die beiden Wagen der Bahn sind durch ein 452 Meter langes Stahlseil über eine Seilscheibe in der Bergstation miteinander verbunden. Bis zu 7000 Liter Wasser beschweren den zu Tal fahrenden Waggon, der den nach oben fahrenden Waggon mit einer Höchstgeschwindigkeit von 7,3 km/h nach oben zieht. Als Bremse dienen Zahnräder unter den Wagen, die in eine Zahnstange auf der Gleisanlage greifen.

Nach Ankunft entleert der unten angekommene Wagen seinen Ballast in ein großes Wasserreservoir. Von dort wird das Wasser mittels einer elektrischen Pumpe (bis 1916 noch mithilfe einer Dampfmaschine) wieder zur Bergstation befördert, wo das Wasser in einem unterirdischen Speicher gebunkert wird. Da es im **Winter** gefrieren kann, ruht in den kalten Monaten der Fahrbetrieb. Wie die meisten öffentlichen Verkehrsmittel ist übrigens auch die Nerobergbahn ein Zuschussbetrieb.

› Wilhelminenstraße 51, Haltestelle: Nerotal, Tel. 0611 2368500, www.nerobergbahn.de, Fahrzeiten: April, September–Oktober: tgl. 10–19 Uhr, Mai–August: tgl. 9–20 Uhr, gewöhnlich alle 15 Minuten, keine Fahrradmitnahme, einfache Fahrt: 2,50 €, hin und zurück 3,30 €

> **EXTRATIPP: Heiraten in der Nerobergbahn**
> Seit einigen Jahren ist es im Sommer möglich, in der Nerobergbahn den **Bund fürs Leben zu schließen.** Dazu wird einer der Waggons in ein Trauzimmer des Standesamtes verwandelt. Der „Hochzeitswagen" wird anschließend an einer besonders schönen Aussichtsstelle auf freier Strecke angehalten, da die nur dreieinhalb Minuten währende Fahrzeit für die Eheschließungszeremonie sonst zu kurz wäre. Dann liegt dem Brautpaar buchstäblich ganz Wiesbaden zu Füßen!

### ⑲ Neroberg ★★★ [dg]

*Der Neroberg ist Wiesbadens Hausberg und ein beliebtes Ausflugsziel nicht nur der Einheimischen. Die 245 Meter hohe Anhöhe im Norden der Stadt bietet eine Reihe unterhaltsamer Freizeitmöglichkeiten – vom Schwimmbad bis zum Klettergarten. Blickfang ist der 1851 errichtete sogenannte Monopteros, ein runder Aussichtstempel nach antikem Vorbild.*

Mit dem römischen Kaiser Nero, so sei gleich gesagt, hat der Neroberg nichts zu tun. Sein **Name** erinnert vielmehr an das mittelalterliche Ersberg („Der hintere Berg"), aus dem der Neresberg und schließlich der heutige Neroberg wurde. Lange Zeit wurde er wenig beachtet, auch wenn an seinem Südhang schon seit dem 16. Jahrhundert Wein angebaut wurde. Heute wird der gut vier Hektar große **Weinberg,** der Eigentum der Stadt ist, von den Hessischen Staatsweingütern bewirtschaftet. Der dort wachsende Riesling dient bei offiziellen Empfängen der Stadt als reprä-

◁ *Mit gut sieben Kilometer Höchstgeschwindigkeit geht es mit der Nerobergbahn auf Wiesbadens Hausberg*

## Wiesbadens Norden

sentativer Hauswein – und auch als Souvenir ist der „Neroberger Riesling" geschätzt.

Mit dem Aufstieg Wiesbadens zur Weltkurstadt gewann auch der Neroberg an Bedeutung. Vor allem im Sommer boten seine **Wälder** schattige Plätze und die Wanderung auf den Hausberg gehörte zum Kurprogramm vieler Gäste. Damit sie sich wohlfühlen, legte Philipp Hoffmann, der Architekt der **Russisch-Orthodoxen Kirche** ⓴, Mitte des 19. Jahrhunderts auf dem Bergrücken einen kleinen **Erholungsparcours** an, dessen Zentrum der sogenannte **Monopteros** wurde: ein Rundtempel mit kräftigen Säulen, die vorher in der Wilhelmstraße kleine Öllämpchen getragen hatten. Von dem 1851 fertig gewordenen Aussichtstempel bietet sich ein einmaliger Blick auf die Stadt, der bei gutem Wetter bis Mainz ⓸ und in den Odenwald reicht.

Ein paar Schritte unterhalb des Monopteros liegt das 1934 erbaute **Opelbad**. Es gilt wegen seiner Lage hoch über Wiesbaden und seiner am Bauhausstil orientierten Architektur als eines der schönsten Schwimmbäder Deutschlands und ist immer einen Besuch wert. Auf der anderen Seite des Aussichtstempels findet sich das Ausflugslokal „Der Turm". Früher stand dort ein Ende des 19. Jahrhunderts erbautes Hotel, das nach einem Großbrand 1989 aber abgerissen wurde.

„**Erlebnismulde**" nennt sich eine Art Amphitheater auf dem Bergrücken, das gelegentlich als Freilichtbühne genutzt wird. Einen faszinierenden Blick auf die Stadt erlaubt die große **Panoramaterrasse** oberhalb des städtischen Weinbergs. Sie wird von zwei großen Steinlöwen flankiert, die früher am Eingang zu einer Kaserne in der Schwalbacher Straße standen.

Auf dem Neroberg beginnt auch ein mehr als drei Kilometer langer, bergab führender **Walderlebnispfad**. Abenteuerlustige lockt zudem ein großer **Kletterwald** (s. S. 121) mit zahlreichen Parcours in unterschiedlichen Höhen und allen Schwierigkeitsgraden. Wer will, kann sich von Mitte März bis Mitte November von Baum zu Baum schwingen oder über Seilbrücken balancieren. Für die Allerjüngsten gibt es einen „Kinderjungleparcours".

› Haltestelle: Nerotal und weiter mit der Nerobergbahn ⓲

Ⓢ 103 [dh] **Opelbad Neroberg,** Auf dem Neroberg 2, Tel. 0611 17464990, www.wiesbaden.de, Mai–September 7–20 Uhr (letzter Einlass 19 Uhr). Wassertemperatur: 24 Grad. Eintritt: Erwachsene 8,20 € (ab 17 Uhr 5,20 €), Kinder 2 € (ab 17 Uhr 1,60 €). Im Eintritt ist die kostenlose An- und Abreise mit der Nerobergbahn eingeschlossen. Die Kombikarte Bergbahn/Opelbad gibt es an der Talstation.

> **KURZ & KNAPP**
> **Originalton**
> „Man bedarf in Wiesbaden nur einer Viertelstunde des Steigens, um in alle Herrlichkeiten der Welt zu blicken."
> Johann Wolfgang von Goethe 1815 nach einem Spaziergang

▷ *Die Russische-Orthodoxe Kirche gilt als eines der Wahrzeichen Wiesbadens. Ihre Kuppeln wurden vor ein paar Jahren für fast eine halbe Million Euro neu vergoldet.*

## Wiesbaden entdecken
## Wiesbadens Norden

### ⓴ Russisch-Orthodoxe Kirche ★★★ [dg]

*Außer dem Kurhaus ⓫ ist die Russisch-Orthodoxe Kirche, noch immer gern „Griechische Kapelle" genannt, das Wahrzeichen Wiesbadens. Hoch über der Stadt auf dem Neroberg gelegen, leuchten ihre vergoldeten Kuppeln vor allem im späten Sonnenlicht. Das Gotteshaus war Mitte des 19. Jahrhunderts als Grabeskirche für die russische Großfürstin Elisabeth Michailowna Romanowa gebaut worden, die erste Frau Herzog Adolfs von Nassau. Anlässlich des Besuchs des russischen Präsidenten Wladimir Putin im Oktober 2007 wurden die fünf Kirchendächer gereinigt und für fast eine halbe Million Euro neu vergoldet.*

Zwei **Sondermarken der Deutschen Post** unterstreichen die Bedeutung der Russisch-Orthodoxen Kirche ebenso wie die touristischen Hinweisschilder auf den Autobahnen rings um Wiesbaden. Ohne Zweifel ist das im letzten Jahrzehnt innen und außen gründlich renovierte Gotteshaus **eine der schönsten Kirchen der Stadt** und ein Glaubenstempel von internationalem Rang. „Russisch-Orthodoxe Kirche der heiligen Elisabeth in Wiesbaden" heißt die Kirche offiziell. Viele ältere Bürger und Reiseführer aus dem letzten Jahrhundert aber nennen sie „**Griechische Kapelle**". Das liegt daran, dass im 19. Jahrhundert alle orthodoxen Kirchen gewöhnlich als „griechisch" bezeichnet wurden.

Am Anfang ihrer Geschichte stand ein trauriger Anlass: der Tod der blutjungen Prinzessin **Elisabeth Michailowna Romanowa**, der Großfürstin von Russland und Herzogin von Nassau. 1844 hatte Herzog Adolf von Nassau, der spätere Großherzog von Luxemburg, den lebenslustigen Teenager in Sankt Petersburg geheiratet. Schon ein Jahr später aber starb die junge Mutter bei der Geburt ihres Kindes, das sie im Biebricher Schloss zur Welt gebracht hatte. Ein Tod, der ihren Gatten so schmerzte, dass er für seine verstorbene Frau schließlich eine **prunkvolle Grabeskirche** errichten ließ. Als Standort wählte er den Neroberg, den er von seiner Residenz im Biebricher Schloss aus sehen konnte. Die Baukosten wurden großteils vom russischen Zaren aus der Mitgift für seine Nichte bestritten.

## Wiesbadens Norden

Architekt des Gotteshauses war der nassauische Hofbaumeister **Philipp Hoffmann**, der für den Neubau eigens nach Russland reiste, um die dortige Kirchenbauweise zu studieren.

Im Mai 1855 wurde die Grabeskirche zu Ehren der heiligen Elisabeth, der Mutter Johannes des Täufers, geweiht – danach der Sarg mit der verstorbenen Herzogsgattin und ihrem Baby, das kurz nach ihr starb, in einer Prozession aus der Stadt in die neue Kirche überführt. In einem Grabmal aus Marmor, das die vier Kardinaltugenden und die zwölf Apostel zieren, ruhen die beiden dort auch heute noch.

Das Gotteshaus auf dem Neroberg ist eine **Kuppelkirche** aus feinkörnigem, weiß-grauen Sandstein mit gewaltigen **Zwiebeltürmen**, die vergoldete russisch-orthodoxe Kreuze krönen. Alle stehen auf Rundtürmen, von denen der größte schmale Fenster hat, durch die etwas Licht ins Kircheninnere fällt. Die kleineren Türme ringsum sind nicht mit dem Innenraum verbunden.

Zwei Eingänge führen in das Gotteshaus. Der **Südeingang** mit Blick auf die Stadt war ursprünglich nur für die Fürsten gedacht und wurde nach dem Ende des Zarenreiches für immer geschlossen. Seitdem dient der **Westeingang**, der für das Volk bestimmt war, als Haupteingang. Über dem Eingang findet sich ein steinernes Medaillon der heiligen Helena, am geschlossenen Südeingang eines der Kirchenpatronin Elisabeth. An der Ostseite erinnert ein Bildnis an den Erzengel Michael. Helena, Elisabeth und Michael verweisen auf die **Schutzpatrone** der verstorbenen Herzogsgattin und ihrer Eltern.

Gegenüber dem Haupteingang fällt die **Ikonostase** ins Auge, eine Wand voller Heiligenbilder auf Goldgrund. Sie zeigen unter anderem Darstellungen der Erzengel Gabriel und Michael oder der Heiligen Nikolaus, Basilius, Georg und Konstantin. Ganz oben sind die Apostel Petrus und Paulus sowie die vier Evangelisten zu sehen. Alle Darstellungen stammen von dem russischen Hofmaler Carl Timoleon von Neff, einem der großen Ikonenmaler

## Der Architekt Philipp Hoffmann

*Mit dem Rheingauer Dom in Geisenheim schuf der junge Architekt Philipp Hoffmann (1806-1889) in seiner Geburtsstadt sein erstes Meisterstück. Anschließend arbeitete er im Auftrag Georg Mollers an der Gestaltung des Wiesbadener Stadtschlosses ❹. Moller hatte Hoffmann nach Pompeji geschickt, um dort römische Gemälde als Vorbild für die Innengestaltung des Stadtschlosses abzuzeichnen. So wurde schließlich auch Herzog Wilhelm auf den Architekten aufmerksam, der ihn 1850 zum herzoglich-nassauischen Hofbaumeister beförderte. In dieser Eigenschaft zeichnete er unter anderem für den Bau der Synagoge auf dem Michelsberg, den Monopteros auf dem Neroberg ⓳, die Bonifatiuskirche und das Waterloo-Denkmal auf dem Luisenplatz ㉕ mit verantwortlich – und natürlich für die Russisch-Orthodoxe Kirche ⓴, einem der Wahrzeichen Wiesbadens.*

Russlands und Ehrenmitglied der Akademie der Schönen Künste in Florenz. Seine Heiligenporträts waren ebenso beliebt wie die von ihm geschaffenen biblischen oder mythologischen Szenen, die sich noch heute in zahlreichen orthodoxen Kirchen finden – unter anderem in St. Petersburg, Bad Ems, Darmstadt, London oder Nizza.

Besuchermagnet ist das in der nördlichen Nische gelegene **Grabmal** mit dem Sarkophag, geschaffen vom Bildhauer Emil Alexander Hopfgarten. Es ist ein Prunkstück aus weißem Carrara-Marmor. Bedeckt mit einem Leichentuch liegt dort die schlafende Herzogin, um den Kopf einen Kranz aus Rosen als Zeichen der Liebe: ein schönes Bild himmlischen Friedens. Die Verstorbene und ihre Tochter selbst sind in der darunter liegenden Krypta bestattet, wo sie in einem von einem Zinksarg umgebenen gläsernen Schrein ruhen. Hopfgarten entwarf übrigens auch die eindrucksvolle Figurengruppe um den Altar der Wiesbadener Marktkirche ❺.

Die Russische Kirche in Wiesbaden, sollte jeder Besucher wissen, ist kein Museum, sondern eine lebendige Pfarrgemeinde der Russisch-Orthodoxen Kirche mit einigen Hundert Mitgliedern. Besonders beliebt sind ihre prunkvollen **Gottesdienste** zu Ostern und Weihnachten, die in Wiesbaden auch von Andersgläubigen gern besucht werden.

Im Schatten der Kirche liegt der inzwischen gründlich sanierte **Russische Friedhof**, einer der ältesten in Deutschland. Er wurde im Laufe der Zeit mehrmals erweitert, zuletzt in den 1970er-Jahren. Er birgt nicht nur zahlreiche Fürstengräber, sondern auch die letzte Ruhestätte des Malers Alexej von Jawlensky (siehe Exkurs S. 90).

▶ **Russisch-Orthodoxe Kirche Wiesbaden**, Christian-Spielmann-Weg 1, Tel. 0611 9590994, www.roc-wiesbaden.de, tgl. 10–16 (April bis 17, Mai-Okt. bis 18) Uhr, Eintritt: 2 €, Haltestelle: Nerotal (weiter mit der Nerobergbahn). Keine Besichtigungsmöglichkeit während der Gottesdienste! Fotografieren und Filmen nicht gestattet. Besuch des Russischen Friedhofs nur nach Anmeldung in der Kirche. Den Friedhofsschlüssel gibt es bei Hinterlegung von 10 € Pfand beim Aufseher der Kirche.

# Wiesbadens Süden und Westen

Wiesbadens **Hauptbahnhof** ❽ liegt außerhalb der historischen Altstadt. Dort, wo einst die drei Vorgängerbahnhöfe standen, befinden sich heute das **Museum Wiesbaden** ㉑ und die **Rhein-Main-Hallen** (s. S. 90), die aber ab Spätsommer 2014 einem neuen Kongress- und Veranstaltungszentrum Platz machen sollen. Hinter dem Hauptbahnhof ist Wiesbadens neues kulturelles Zentrum zu finden, der **Schlachthof** (s. S. 27). Das **Deutsche Filmhaus** (Murnau-Filmtheater, s. S. 27) lockt zudem alle Cineasten. Westlich an den Bahnhof schließen das Einkaufszentrum **Lilien-Carré** (s. S. 17) und das **Dichterviertel** ㉔ mit Landeshaus und Lutherkirche an. Vom Dichterviertel führt die verkehrsberuhigte Adolfsallee zur Rheinstraße, wo sich der **Luisenplatz** mit der mächtigen **Bonifatiuskirche** ㉕ und die **Landesbibliothek** ㉖ finden. Wer das multikulturelle Wiesbaden sucht, der sollte die Straßen des **Westends** ㉗ durchstreifen. Hier hat Wiesbaden ein ganz anderes Gesicht und so mancher wähnt sich in „Klein-Istanbul".

# Wiesbadens Süden und Westen

## ㉑ Museum Wiesbaden ★★★ [E5]

*Wiesbadens größtes und mit fast 100.000 Besuchern jährlich auch meistbesuchtes Museum ist Ziel für Freunde alter und moderner Kunst, aber auch für Geschichtsbeflissene und an der Natur Interessierte. In dem stattlichen Bau zwischen Bahnhof und Innenstadt sind gleich zwei gewichtige Sammlungen vereint: eine große Kunstsammlung mit Schwerpunkt auf den beiden letzten Jahrhunderten – und die Naturhistorische Sammlung mit rund einer Million Einzelobjekten und damit eine der größten im Land. Einen Namen hat sich das Museum Wiesbaden in den letzten Jahren auch durch seine Wechselausstellungen gemacht, die bekannte und weniger bekannte Künstler und ihre Arbeiten immer wieder in den Blickpunkt der Öffentlichkeit rücken. Viel Wert legt man auch auf die didaktische Arbeit, auf Themenführungen und spezielle Angebote für Senioren und Kinder, die so schon früh für Kunst und Naturwissenschaften begeistert werden sollen. Und natürlich verfügt Wiesbadens größtes Museum auch über einen kleinen Shop und eine Cafeteria.*

Vor dem mächtigen Museumsbau gegenüber den Rhein-Main-Hallen thront unübersehbar ein **Granitdenkmal Johann Wolfgang von Goethes** mit einem Adler unter dem Arm. 1992 verbannte der damalige Museumsdirektor das Denkmal in den Innenhof des Musentempels. Doch er hatte die Rechnung ohne die Wiesbadener gemacht, die ihren Goethe schmerzlich vermissten. Schließlich war es der Dichterfürst, der den befreundeten Frankfurter Schriftsteller und Diplomaten **Johann Isaac Freiherr von Gerning** überreden konnte, anno 1825 seine große Sammlung von Kunstwerken, zoologischen und botanischen Kostbarkeiten und sogenannten Altertümern gegen Zahlung einer Leibrente dem Herzogtum Nassau zur Verfügung zu stellen. In der Folge bildeten sich drei große Sammlungen, deren Träger der Verein für Nassauische Altertumskunde und Geschichtsforschung, der Nassauische Verein für Naturkunde und der Nassauische Kunstverein waren.

Nachdem die Sammlungen 1866 in preußischen Besitz gelangten, übernahm Wiesbaden zur Jahrhundertwende die Einrichtungen. Zur Präsentation der Kunstschätze ließ die Stadt schließlich den heutigen Musentempel bauen. 1915 wurde die Gemäldegalerie eröffnet, später folgten die übrigen Abteilungen. 1973 übernahm das Land Hessen die drei bis dahin selbstständigen Sammlungen und übergab 2010 die Sammlung Nassauischer Altertümer in die Trägerschaft der Stadt, die sie als Grundstock für ihr geplantes Stadtmuseum nutzen will.

Das Museum Wiesbaden zeigt sich heute gründlich saniert und neu geordnet. Zwischen weißen Wänden finden sich die alten Sammlungen in neuem Glanz, technisch perfektioniert und thematisch zentriert. So zeigt das Museum im Südflügel **Alte Meister.** Werke vom 12. bis ins 19. Jahrhundert, die nicht chronologisch, sondern nach Themen präsentiert werden. Vorbei an einer modernen Rauminstallation des 1977 geborenen Künstlers Robert Seidell betritt der Besucher den sogenannten **Kirchensaal.** Einen achteckigen Raum, der neben mittelalterlichen Heiligenfiguren und Altar-Retabeln

## Wiesbadens Süden und Westen

auch eine zeitgenössische Sphinx-Figur des japanischen Bildhauers Katsura Funakoshi bietet, die mit ihren hochglanzpolierten Marmoraugen fasziniert und zum kunstvollen Dialog zwischen Vergangenheit und Gegenwart anregt. Den Raum selbst bestimmt das sogenannte Walddorfer Kruzifix, ein gekreuzigter Jesus aus dem späten 12. Jahrhundert, das älteste gezeigte Stück der Kunstausstellung. Beachtenswert sind auch ein Flügelretabel aus dem frühen 16. Jahrhundert, eine thronende Madonna aus dem ersten Viertel des 13. Jahrhunderts, ein Gnadenstuhl aus der Zeit um 1500 und vier eindrucksvolle, farbige Reliefs mit Szenen aus der Kindheit Jesu, die aus der ersten Hälfte des 16. Jahrhunderts stammen. Statuen zeigen die populärsten Heiligen des Mittelalters wie Martin, Laurentius, Johannes den Täufer oder Sebastian, meist Kunst vom Mittelrhein, aus einer der ältesten deutschen Kulturlandschaften.

Im anschließenden **Sakral-Raum** finden sich zum Teil großformatige Bilder mit ebenfalls religiösen Themen: Mariendarstellungen, aber auch Bilder mit der Heiligen Familie und beliebten Namenspatronen. Im folgenden Ausstellungsraum geht es um **Porträts**, der nächste ist ganz dem **Goldenen Zeitalter der Niederländischen Malerei** gewidmet. Landschaften von üppiger Fülle gibt es hier zu sehen und geselliges Leben im 17. Jahrhundert, z. B. eine Gruppe Karten spielender Männer, vor allem aber auch schöne Stillleben, die Fische, Blumen und Gemüse zeigen – detailreiche Bilder, die oft voller Symbole sind. Einblicke in die Welt der griechischen Mythen gibt der **Saal der Mythologie**, in dem sich unter anderem Arnold Böcklins „Magna Mater" findet, die Vorlage zum gleichnamigen Fresko im Treppenhaus des Basler Museums der Kulturen. Den Abschluss der Sammlung Alter Meister bilden ein Stockwerk tiefer zwei weitere Räume mit sehenswerten Stillleben und Landschaften. Dort führt auch ein zeitgenössischer Film unter dem Titel „Reise zum Wald" zurück in die Gegenwart und die aktuelle Wahrnehmung von Landschaft.

△ *Kostbarkeit im Museum Wiesbaden: ein sogenannter Gnadenstuhl (um 1500), Gottvater und Jesus*

## Wiesbadens Süden und Westen

**Klassische Moderne** heißt der zweite Ausstellungsschwerpunkt in Wiesbaden. Dazu gehört vor allem die Sammlung von **Expressionisten**, an ihrer Spitze eine große Schau der Gemälde und Zeichnungen Alexey von Jawlenskys (siehe Exkurs S. 90). Mehr als hundert Werke des Künstlers sind heute im Besitz des Museum Wiesbaden 21. Wieder, muss man sagen, denn ein Großteil der einstigen Jawlensky-Sammlung wurde im Hitler-Reich aufgelöst, passten seine Gemälde doch nicht ins nationalsozialistische Kunstbild. Ein Großteil der Bilder entstammt dem Nachlass der Kunstsammlerin Hanna Bekker vom Rath, die dem Museum Wiesbaden zudem auch eine Reihe weiterer expressionistischer Kunstwerke von Max Beckmann, Wassily Kandinsky, August Macke und Karl Schmidt-Rottluff als Dauerleihgabe vermachte.

Neben Jawlensky gehören zur Abteilung Klassische Moderne auch Werke von Ernst Barlach, Lovis Corinth, Lyonel Feininger, Ernst Ludwig Kirchner, Paula Modersohn-Becker, Otto Mueller, Emil Nolde, Max Beckmann, Wassily Kandinsky, August Macke und Karl Schmidt-Rottluff. Bekannte Namen allesamt, die der Kunstwelt ihren Stempel aufdrückten.

Ebenfalls zur Klassischen Moderne zählen die Werke einer Künstlergruppe, die dem **Konstruktivismus** zugerechnet werden. Typisch für diese Kunstrichtung ist ihr geometrisches Formenvokabular. Kein Wunder, dass die Architektur die ersten Konstruktivisten inspirierte. So soll für eine Reliefkonstruktion des russischen Künstlers Wladimir Tatlin erstmals der Name Konstruktivismus verwandt worden sein. Etwas vom Geist dieser Künstler, die meist auch politisch motiviert waren, macht die Rauminstallation „**Roter Waggon**" des russischen Künstlers Ilya Kabakov deutlich (s. S. 89). Wiesbaden nennt inzwischen rund 50.000 Zeichnungen, Studien, Skizzen, Fotos, Briefe und Gästebücher dieser Kunstströmung sein Eigen. Ein wertvoller Schatz, der dem Museum in dieser Fülle aber erst in den 1990er-Jahren durch den Nachlass des Künstlers Friedrich Vordemberge-Gildewart zufiel, der mit Oscar Schlemmer, Kurt Schwitters, Hans Arp und Wassily Kandinsky befreundet war.

Besonders stolz ist das Museum auf seine **Kunst der Moderne und Gegenwart**. Georg Baselitz, Jörg Immendorf, Gerhard Richter, Wolf Vostell, um nur ein paar Namen aus der Sammlung zu nennen, stehen für die Nachkriegskunst. Ausführlich wird das Werk von Joseph Beuys dokumentiert, an den Plakate, Fotos, Manuskripte, Interview-Mitschriften und Überreste zahlreicher Kunstdemonstrationen auf der Straße oder im Saal erinnern. Eine von ihm präparierte Blue Jeans mit getrockneten Fischen aus dem Jahr 1970 hängt an der Wand, ein wenig weiter befindet sich in einem weißen Holzkasten eine Plastiktasche mit getrocknetem Hasenblut von 1971 – eines von vielen provokativen Kunstobjekten des Künstlers Beuys.

Mehr als eine Million Objekte umfassen die **naturhistorischen Sammlungen** des Museums, die zu den größten in Deutschland gehören. Seit 2013 sind sie neu geordnet und zeigen sich im ersten und zweiten Geschoss des Nordflügels in neuem Licht und Glanz. Sie bestehen aus einer geologischen, erdgeschichtlichen und mineralogischen Sammlung und einer großen Schau von Tieren und

Pflanzen, zu denen fast 8000 Vögel, 3000 Säugetiere, 750.000 Insekten und über 65.000 Pflanzen gehören. Eine Fundgrube nicht nur für die Wissenschaft!

Präsentiert werden die Sammlungen unter dem Stichwort „**Ästhetik der Natur**". Form, Farbe, Bewegung und Zeit sind die Kategorien, denen die Ausstellungsmacher ihre Objekte zugeordnet haben. Schwäne werden so im Flug gezeigt, Hammerhaie beim Schwimmen, Springböcke auf der Flucht vor einem Geparden. Die Evolution, also die Zeit, spiegelt sich in tierischen Teilen – vom Mammutkiefer bis zum Elefantenschädel samt Stoßzähnen. Stockente und Turmfalke, Uhu, Weißstorch und Mauersegler verraten, wer unter anderem die Lufthoheit bei uns hat.

Der Gang durch die großen Ausstellungssäle mit ihren Glasvitrinen wird so zu einer Wanderung des Staunens und Bewunderns. Farbenprächtig zeigt sich eine **Schmetterlingssammlung** aus dem frühen 18. Jahrhundert, der die **Käfersammlung** ein wenig weiter kaum nachsteht: Sie besteht aus Zehntausenden sorgsam präparierten Insekten. Wer für solch kleine Pretiosen ein Auge hat, kommt hier voll auf seine Kosten. Und auch die **Fossiliensammlung** kann begeistern. Zehntausende von Versteinerungen aus der Region führen den Betrachter in der Erdgeschichte zurück in die Zeit vor vielen Millionen Jahren, als das Rhein-Main-Gebiet noch ein großes Meer war.

Man sollte sich Zeit nehmen, um die Objekte zu betrachten und so seine Sinne für die Natur und ihre Vielfalt zu schärfen. Dazu dienen auch die Zeichenblöcke, die der Besucher im Museum findet. „Zeichnen erleichtert das Betrachten", meinen die Ausstellungsmacher, die Stift und Papier zur Verfügung stellen und die Besucher bitten, ihre Zeichnungen dem Museum zur Verfügung zu stellen. Vielleicht sind sie ja selbst mal Gegenstand einer großen Ausstellung!

› Friedrich-Ebert-Allee 2, Haltestelle: Rheinstraße/Rhein-Main-Hallen oder Wilhelmstraße, Tel. 0611 3352250, www.museum-wiesbaden.de, Di. und Do. 10–20, Mi. und Fr.–So. 10–17 Uhr. Der Eintritt in die Sammlungen kostet 6 €. Sonderausstellungen: 10 €. Führungen: Di. und Do. 18, Sa. und So. 11 und 15 Uhr. Jeden dritten Dienstag im Monat lädt das Museum um 19 Uhr zu einer Abendführung. Im Anschluss gibt es Gelegenheit, bei einem kostenlosen Getränk nicht nur kunstsinnige Gespräche zu führen. Jeden ersten Dienstag im Monat um 18.30 Uhr wird in der Reihe „Kunst & Religion" ein Kunstwerk in neues Licht gerückt. Daneben gibt es regelmäßig Vorträge, Lesungen, Filmabende und Konzerte.

---

**EXTRATIPP**

### Träumen im „Roten Waggon"

Zu den interessantesten Werken des Konstruktivismus gehört die Rauminstallation „Roter Waggon" des russischen Künstlers **Ilya Kabakov**. Sie besteht aus einem neun Meter langen Holzkasten, den man betreten kann. Vor dem Waggon findet sich ein riesiges Leiterkonstrukt, dahinter Trödel, Müll, Kartons und leere Kisten: das **Chaos**. Im Inneren erwartet den Besucher eine Art sowjetisches „Phantasialand", gemalt auf einen Theaterprospekt. Der Betrachter kann sich auf eine Bank davor setzen und auf die niemals beginnende Vorstellung warten, musikalisch begleitet von melancholischen Sowjetliedern. Ein Kunsterlebnis für Auge und Ohr!

# Alexey von Jawlensky: Wiesbadens großer Künstler

*Der vermutlich 1864 in Russland als fünftes von sechs Kindern geborene Alexey von Jawlensky gehört zu den stilprägenden Künstlern des Expressionismus. Sein Berufsziel war eigentlich Offizier, aber schließlich war die Leidenschaft für die Malerei größer. 1896 zog er mit Marianne von Werefkin, einer wohlhabenden Baronesse, die von seinen Malkünsten überzeugt war, nach München. Dort entwickelte er seine Kunst auch unter dem Einfluss der Bilder von van Gogh weiter, dessen Werke er auf einer Paris-Reise kennengelernt hatte. Im Sommer 1908 kam es zur wegweisenden Zusammenarbeit mit Wassily Kandinsky. Der künstlerische Durchbruch war schließlich seine Hinwendung zur Künstlergruppe „Der Blaue Reiter", einer Interessenvertretung expressionistischer Maler. Nach Ausbruch des Ersten Weltkriegs emigrierte Jawlensky mit Marianne von Werefkin in die Schweiz.*

*1921 kam er im Rahmen einer Ausstellung des Nassauischen Kunstvereins nach Wiesbaden, wo er zwar kaum Bilder verkaufte, aber „sehr netten Menschen" begegnete, wie er in seinen Lebenserinnerungen schrieb. Die bewogen ihn schließlich, nach Wiesbaden zu ziehen, wo er sich von Marianne von Werefkin trennte und stattdessen deren Dienstmädchen Helene heiratete. Doch die Kunst führte ihn immer wieder mit neuen Frauen zusammen. Zum Beispiel mit Lisa, der Tochter des Wiesbadener Schreiner- und Glasermeisters Karl Gerhard Kümmel, die er Ende der 1920er-Jahre kennenlernte. Sie wurde seine wichtigste Stütze und kümmerte sich um die Vermarktung seiner Bilder, die sie eines Tages sogar in seinem Namen signierte. 1938 gab sie ihre eigene künstlerische Arbeit auf und kümmerte sich ganz um Jawlensky, den eine Gelenkentzündung schließlich*

## ㉒ Reisinger- und Herbert-Anlagen ★ [E6]

Für Bahnreisende sind die nach ihren Stiftern Hugo Reisinger und Adam Herbert benannten **Grün- und Brunnenanlagen** vor dem Hauptbahnhof das grüne Tor zur Stadt: Vor allem an warmen Tagen bieten sie Sonnenanbetern Platz und mancher hält hier auf dem Rasen sein Mittagsschläfchen. Zeitungsleser belagern ebenso die Bänke wie grübelnde Rentner und turtelnde Liebespaare.

Geschaffen wurden die Anlagen mit ihren Rasenflächen, Brunnen und Wasserbecken in den 1930er-Jahren. Finanziert hatten sie die Stiftungen des Deutsch-Amerikaners **Hugo Reisinger**, der das Geld für die Brunnen gab, und des Wiesbadener Ehrenbürgers **Adam Herbert**, der für die Gestaltung der Grünanlagen aufkam.

Am großen Wasserbecken ist „**Europa auf dem Stier**" der Blickfang. Ein Denkmal aus Muschelkalk, das die Geschichte des griechischen Gottes Zeus illustriert. Der hatte sich aus Liebe zur Königstochter Europa in einen Stier verwandelt und seine Geliebte dazu verführt, auf seinen Rücken zu steigen.

Am Nordende der Anlagen beginnt das Areal der **Rhein-Main-Hallen**, dem in den 1950er-Jahren errichteten und seitdem immer wieder erwei-

## Wiesbadens Süden und Westen

*zu einem Leben im Bett oder Rollstuhl zwang. Zuletzt konnte er den Pinsel nur noch mit zwei Händen halten und ihn mit den Schultern bewegen. Lisa Kümmel wurde zur Krankenpflegerin und seiner wichtigsten Bezugsperson, die seine Lebenserinnerungen aufschrieb und ein erstes Werksverzeichnis anlegte. Jawlensky starb 1941 und fand auf dem Russischen Friedhof (s. S. 85) seine letzte Ruhe.*

*An die Bedeutung des großen Malers erinnert inzwischen der Alexey-von-Jawlensky-Preis, der alle fünf Jahre in Erinnerung an sein Lebenswerk vergeben wird. Er besteht aus einem Geldpreis, einer Ausstellung in Wiesbaden und dem Ankauf einer Arbeit. Zu den wichtigsten Preisträgern zählen bislang der amerikanische Maler Robert Mangold und die mehrfache documenta-Teilnehmerin Rebecca Horn.*

*Das Museum Wiesbaden ㉑ zeigt Bilder aus fast allen Schaffensperioden Jawlenskys, Porträts und Landschaften, Gemälde und grafische Werke.*

terten Veranstaltungszentrum, das ebenso großen Fernsehshows Platz bot wie medizinischen Kongressen, Verbraucherausstellungen und Messen, internationalen Tagungen, Rock- und Popkonzerten, Eislaufshows und Boxabenden. Die Hallen trugen wesentlich zu Wiesbadens Aufstieg als Messe- und Kongressstadt bei. Allerdings ist die Anlage inzwischen in die Jahre gekommen, daher soll nun an gleicher Stelle neu gebaut werden.

Im Spätsommer 2014 werden die **Abrissbagger** anrücken. Sie sollen Raum für Deutschlands modernstes Kongress- und Veranstaltungszentrum schaffen, das bis 2018 an Stelle der alten Rhein-Main-Hallen entstehen wird: Rund 20.000 Quadratmeter Veranstaltungsfläche bieten dann Platz für bis zu 10.000 Besucher – verteilt auf verschiedene Hallen und Säle inklusive einer integrierten Multifunktionshalle mit bis zu 5000 Plätzen. Dazu kommt eine mehrgeschossige Tiefgarage mit rund 1000 Stellplätzen.

❯ Haltestelle: Hauptbahnhof oder Rheinstraße/Rhein-Main-Hallen

## ㉓ Hauptbahnhof ★★ [E7]

Der Wiesbadener Hauptbahnhof ist ein mächtiger **Kopfbahnhof** am Südrand der Innenstadt. Mit täglich mehr als 30.000 Reisenden zählt er zu den größten Bahnhöfen Hessens. Anfang des 20. Jahrhunderts errichtet sollte der **neobarocke Prachtbau** mit seinen **lichten Kuppeldächern** eine würdige Empfangshalle für den deutschen Kaiser sein, der zu seiner Kur in Wiesbaden gewöhnlich mit dem Zug reiste. Über 60 Millionen Euro wurden in den letzten Jahrzehnten in die gründliche Renovierung des Bahnhofs gesteckt, der sich heute weitgehend wieder so präsentiert, wie es seine Planer gewollt hatten.

Mit dem neuen Bahnhof ersetzte Wiesbaden gleich drei andere Stationen. So hatten die Strecken nach Frankfurt (Taunusbahnhof), Niederlahnstein (Rheinbahnhof) und Niedernhausen (Ludwigsbahnhof) alle ihre eigenen, dicht beieinander liegenden Bahnhöfe. Um die neue Station möglichst nahe an die Stadt zu rücken, entschied man sich aus Kostengründen für einen Kopfbahnhof – aber auch für einen repräsentativen Prachtbau mit einem **eigenen Bahngleis für den Kaiser**.

Genau betrachtet besteht der Bahnhof aus fünf miteinander ver-

## Wiesbadens Süden und Westen

bundenen Bahnsteigen mit einem beeindruckenden Dach aus Stahl und Glas. Blickfang ist der 40 Meter hohe **Uhrturm**, der in der Morgensonne fast wie ein Leuchtturm wirkt. Außen dominiert roter, innen gelber Sandstein, grüne Ziegel schmücken das Dach. Über 20 Geschäfte vom Brezelbäcker bis zur Blumengalerie stehen den Reisenden täglich von 9 bis 22 Uhr zu Diensten, zum Teil auch noch länger.

Der erste Zug erreichte im November 1906 den neuen Bahnhof, der Wiesbaden die Welt neu erschloss. Allerdings machen die meisten der internationalen Fernzüge heute nicht mehr in Wiesbaden, sondern in Frankfurt oder Mainz Station. Die Anbindung dorthin ist bestens und mit einer eigenen Trasse ist Wiesbaden längst auch an die rechtsrheinische Schnellbahnstrecke nach Köln angeschlossen, die Reisen in die rheinische Domstadt in einer guten Stunde möglich macht.

❯ Haltestelle: Hauptbahnhof

### ㉔ Dichterviertel mit Lutherkirche ★ [C7]

Westlich des Hauptbahnhofs ㉓ findet sich das sogenannte **Dichterviertel**. Dieses Etikett verdankt es den **Straßennamen**, denen Dichter wie Fontane, Frauenlob, Mörike, Wieland, Scheffel, Hauff, Hebbel, Kleist oder Eichendorff Pate standen. Die meisten Häuser im Quartier entstanden zur Wende vom 19. ins 20. Jh. im Stil des Historismus. Das Dichterviertel ist eine **gefragte Wohngegend**, was an den großzügig geschnittenen Wohnungen mit ihren meterhohen Stuckdecken und Flügeltüren liegt. Manche haben sogar bis zu 200 Quadratmeter Wohnfläche. Im Dichterviertel befindet sich auch die protestantische **Lutherkirche**, die zwischen 1908 und 1910 errichtet wurde. Mit 1200 Sitzplätzen ist sie eines der größten Gotteshäuser der Stadt und ein Gesamtkunstwerk im Jugendstil, das Freunden dieser Kunstrichtung immer neue Entdeckungen bietet – von der Wandvertäfelung bis zu den Fenstern. Nur ein paar Schritte neben dem Hauptbahnhof, am Kaiser-Friedrich-Ring 75, thront das **Landeshaus**, ein neobarocker Prachtbau. Anfang des 19. Jahrhunderts als Sitz des Kommunallandtags im Regierungsbezirk Wiesbaden erbaut, beherbergt er heute das Hessische Ministerium für Wirtschaft, Verkehr und Landesentwicklung. Blickfang sind seine Fassade aus rotem Mainsandstein und das breite Giebeldreieck mit einer allegorischen Figurengruppe, die das „Land Nassau" darstellen soll. Marmor- und Granitsäulen sowie Eichenholzvertäfelungen prägen innen den Bau, der leider nicht besichtigt werden kann.

❯ Haltestelle: Landeshaus

### ㉕ Luisenplatz mit Bonifatiuskirche ★★ [D4]

*Klassizistische Bauten und Wiesbadens älteste Innenstadt-Kirche umgeben den Luisenplatz, unter dem sich heute eine große Tiefgarage findet. Der rechteckige Platz mit einem riesigen Obelisken als Blickfang wurde um 1830 als repräsentativer Stadteingang Richtung Süden angelegt. Heute ist das Areal, dessen Name an die erste Gemahlin Herzog Wilhelms von Nassau erinnert, einer der wichtigsten Busknotenpunkte Wiesbadens.*

Ursprünglich sollte der Luisenplatz als Abschluss der Kirchgasse dienen, doch sein jetziger Standort passte den Stadtplanern besser ins Konzept. Die nämlich hatten damals an Stelle

## Wiesbaden entdecken
## Wiesbadens Süden und Westen

der heutigen Bonifatiuskirche den Bau des Stadtschlosses ins Auge gefasst, sich aber später für den Standort in der Altstadt entschieden. Jedem Besucher des Platzes fällt sofort der **„Waterloo-Obelisk"** ins Auge. Er erinnert an die 1815 in der Schlacht bei Waterloo im Kampf gegen Napoleon gefallenen nassauischen Soldaten und wurde 1865 zum 50. Jahrestag der Schlacht bei Waterloo aufgestellt. Auf das „1. Nassauische Artillerie-Regiment Nr. 27 Oranien", das in der Region stationiert war, verweist eine große **Bronzeplastik** aus dem Jahr 1934. Sie zeigt ein aufsteigendes Pferd, das damals das neu erwachte Nationalgefühl zum Ausdruck bringen sollte. Inschriften auf seinem Sandsteinsockel geben Kunde von den Gefechten und Schlachten des Regiments. Einen Blick verdient haben auch die klassizistischen Bauten im Westen und Osten des Luisenplatzes, die unter anderem das Hessische Kultusministerium beherbergen. Im Sommer locken die Terrassen von Cafés und Restaurants Sonnenhungrige und Städtebummler.

Im Norden ragt die **Bonifatiuskirche** mit ihren beiden 68 Meter hohen Türmen in die Höhe. Philipp Hoffmann, der auch die Russisch-Orthodoxe Kirche ⓴ auf dem Neroberg ⓳ plante, war ihr Baumeister. Die Bonifatiuskirche erinnert an die Geschichte der Christen in Wiesbaden, die vermutlich schon im frühen Mittelalter in der Stadt zu Füßen des Taunus Gottesdienste feierten. Anno 1284 ist ein Patrozinium zu Ehren des heiligen Mauritius erstmals urkundlich belegt. Die ihm geweihte Kirche wurde mehrmals umgebaut, ehe sie 1540 im Zug der Reformation den Lutheranern übergeben wurde. Katholische Gottesdienste waren in der Folge verboten, ehe sie ab 1791 hinter verschlossenen Türen im „Badhaus zum Adler" wieder erlaubt waren. Erst im April des Jahres 1800 genehmigte man den Katholiken den Bau eines „Bethauses ohne Turm", den man

◹ *Mächtig sind die Türme der Bonifatiuskirche am Luisenplatz*

## Wiesbaden entdecken
## Wiesbadens Süden und Westen

1828 schließlich in Angriff nahm. 1831 aber fiel der für 2000 Besucher geplante Kirchenbau wegen gravierender Baumängel in sich zusammen. Eine Katastrophe! Erst gut zehn Jahre später begann man mit dem Neubau der Bonifatiuskirche, der 1849 vollendet war. 1863/64 wurden schließlich auch die beiden Türme fertig.

Vom Luisenplatz führen Adolfstraße und Adolfsallee zur **Biebricher Allee**. Auch wenn ihr die Weltläufigkeit der Wilhelmstraße fehlt, gehört sie zu den schönsten Nord-Süd-Achsen der Stadt. Sie zeigt sich heute verkehrsberuhigt und mit einem breiten grünen Mittelstreifen, der als Kinderspielplatz und Freizeitpark dient, eine Oase der Ruhe, die man Mitte der 1970er-Jahre plante, als man die um 1870 angelegte Hauptverkehrsachse in eine ruhige Wohnstraße umwandelte. In den noblen Wohnhäusern rechts und links haben heute Rechtsanwälte und Ärzte ihren Sitz, aber auch viele kleine Firmen, die repräsentative Adressen schätzen.

› Bonifatiuskirche, Luisenstr. 31, Haltestelle: Luisenplatz, Tel. 0611 157537, www.bonifatius-wiesbaden.de

## ㉖ Landesbibliothek Wiesbaden ★ [C4]

Eine **Skulptur Gutenbergs** steht vor dem Eingang der Landesbibliothek Wiesbaden, die seit einiger Zeit Teil der Hochschul- und Landesbibliothek RheinMain ist. Zu ihrem Besitz gehören **rund eine Million Bücher und andere Medien**, zu denen jährlich mehr als zehntausend neue hinzukommen. Zu den Juwelen der Bibliothek zählen mehr als 300 Handschriften wie der sogenannte „**Riesencodex Hildegard von Bingens**".

**KURZ & KNAPP**

**Das Buch an der Kette**
Hildegard von Bingens wichtigste Ideen und Gedanken enthält der sogenannte „**Riesencodex**", der heute in der Landesbibliothek ㉖ aufbewahrt wird. Er ist sozusagen das Vermächtnis der weltberühmten Ordensfrau: ein 15 Kilo schweres Buch mit fast 500 Seiten. Unklar ist, ob der Codex noch zu Hildegards Lebzeiten (1098–1179) oder kurz danach entstanden ist. Sein Einband, zwei mit Schweinsleder überzogene Holzdeckel, wie auch die Kette, an der das Werk den ersten Lesern zur Verfügung stand, stammen wahrscheinlich erst aus dem 15. oder 16. Jahrhundert. Der Riesencodex wurde bis 1632 auf dem Binger Rupertsberg aufbewahrt, später im Kloster Eibingen. Nach der Säkularisierung gelangte das Werk schließlich nach Wiesbaden.

Die Bibliothek wurzelt in einer Büchersammlung der **Fürstin Charlotte Amalie von Nassau-Usingen** (1680–1738), die im Lauf der Säkularisation durch Neuerwerbungen aus aufgelassenen Klöstern und Kirchen kräftig anwuchs. Seit 1813 ist die Bibliothek öffentlich zugänglich, weshalb dieses Datum als das Gründungsjahr der Landesbibliothek gilt. 1866 wurde die Bibliothek preußisch und erhielt den Namen „Königliche Bibliothek Wiesbaden". 1913 fand die Bibliothek schließlich in der Rheinstraße in einem **neoklassizistischen Prachtbau** ihr heutiges Domizil – mit fast 20.000 Metern Regalfläche und einem mit Eichenholz vertäfelten Lesesaal. Während des Zweiten Weltkriegs wurden die wichtigsten Handschriften und Bücher nach Dresden

## Wiesbaden entdecken
### Wiesbadens Süden und Westen

ausgelagert, wo allerdings so manches Werk für immer verschwand.

Seit Kriegsende hat sich der Buchbestand der inzwischen als Hessische Landesbibliothek firmierenden Sammlung mehr als verdreifacht, sodass immer wieder Materialien ausgelagert werden müssen. Mehr als 100.000 Bücher und Handschriften entstammen der Zeit vor 1900. Groß ist auch die Sammlung regionaler Literatur, zu der eine sogenannte **Nassovica-Sammlung** mit gut 60.000 Titeln zählt, also Veröffentlichungen zur Geschichte des ehemaligen Herzogtums Nassau.

› Hochschul- und Landesbibliothek Rhein-Main, Rheinstraße 55–57, Haltestelle: Landesbibliothek, Tel. 0611 94951830, www.hs-rm.de. Mo.–Fr. 9–21, Sa. 10–19 Uhr

### ㉗ Westend ★ [B3]

Bezeichnungen wie Bleichstraße erinnern im Wiesbadener Westend noch heute daran, das westlich der Schwalbacher Straße einst ein Wiesengelände war, auf dem die Frauen ihre Wäsche bleichten. Wäre es Mitte des 19. Jahrhunderts nach den Stadtplanern gegangen, hätte im Westend ein Villenviertel entstehen sollen. Der Bürgermeister aber wollte hier lieber den Bauern neuen Platz verschaffen, die nach seiner Meinung mit ihren Misthaufen das Bild der aufstrebenden Kurstadt trübten. Am Ende aber siedelten sich im Westend **einfache Bürger** an: Handwerker, Gewerbetreibende und Dienstleistende.

Relativ preiswert sind die Mieten im Westend auch heute noch. Deshalb haben sich in der Gegend um den neu gestalteten Platz der Deutschen Einheit viele **Studenten und Migranten** niedergelassen. Sie stellen den Großteil der Bevölkerung im Viertel. Mit fast 30 Prozent ist der Ausländeranteil im Westend besonders hoch. Vor allem Muslime prägen das Areal zwischen Wellritz- und Bleichstraße, wo sich Dönerbuden, Nagelstudios, türkische Supermärkte, Friseurläden, Änderungsschneidereien, winzige Handyläden, Wechselstuben und Reisebüros aneinanderreihen. Im Westend, das auch „**Klein Istanbul**" genannt wird, **pulsiert das Leben** und der Lärmpegel ist vor allem an Som-

> **EXTRATIPP**
>
> **Sinnliche Erfahrungen: frauen museum wiesbaden**
>
> In einem Hinterhof mitten im Westend befindet sich das **frauen museum wiesbaden** (s. S. 30). Über eine alte Laderampe betritt der Besucher das Haus in der Wörthstraße. Zeit sollte er dabei mitbringen, denn das kleine „frauen museum" lebt in erster Linie von seiner sinnlichen Wahrnehmung, von Stimmungen und Gefühlen, die eine kleine ständige Schau vermittelt. Göttinnen aller Art – von der Schlangen- bis zur Vogel-Göttin – finden sich dort in kleinen Glasvitrinen neben Frauenfiguren von der Jungsteinzeit bis heute. Meist sind es Repliken aus aller Welt, die von mächtigen Kulturen zeugen – von Leben und Tod, Erneuerung und Vergänglichkeit. Mehr noch als die ständige Ausstellung überzeugen die mehrmals jährlich wechselnden **Sonderschauen, Tagungen** und **Veranstaltungen,** die Einblick in weibliches Schaffen meist jenseits des Mainstream geben. Wer sich für solche Sinnenwelten interessiert, ist im frauen museum gut aufgehoben – das können und dürfen übrigens auch Männer sein.

merabenden höher als sonst in der Stadt. An der Kreuzung Bismarckring und Rheinstraße [A5] erhebt sich mit der weitgehend original erhaltenen **Ringkirche** eines der mächtigsten Gotteshäuser der Stadt. Der Architekt Johannes Otzen, der vorher schon die Wiesbadener Bergkirche gebaut hatte, verwirklichte mit seinem Projekt ein neues Kirchenbauprogramm. Es markierte die Abkehr vom traditionellen Kirchenbau – langgestreckt mit separatem Chor – zu einer eher quadratischen oder runden Form, in der die ganze Gemeinde näher zusammenrückte. Im Stil rheinischer Spätromantik schuf Otzen so einen quadratischen Kirchenraum mit riesigem Sternengewölbe, der gut 1000 Gläubigen Platz bietet.

❯ Haltestelle: Platz der Deutschen Einheit oder Ringkirche

# Außerhalb des Stadtzentrums

## ㉘ Biebrich ★ [dk]

Mit knapp 38.000 Einwohnern ist Biebrich der größte Stadtteil Wiesbadens. Das anno 874 erstmals erwähnte Dorf am Rhein war lange Zeit Sommerresidenz der Fürsten und Herzöge von Nassau, die mit dem **Biebricher Schloss** ㉙ einen Prachtbau schufen, der heute zu den wichtigsten Sehenswürdigkeiten der Stadt zählt. Schokoladenseite des Städtchens ist das **Rheinufer**, wo auch die Schiffe der Köln-Düsseldorfer (s. S. 129) festmachen.

**KLEINE PAUSE**

### Mund's Frischeküche

Fotos mit Mündern zieren die Wände. Sie sind das Markenzeichen des **Mund's** (s. S. 22), einem gemütlichen Restaurant. Viele Stammgäste schätzen den Laden mit eigener Feinkostabteilung inzwischen wegen seiner Frischeküche. Dazu gehört Linsensalat mit Blutwurst ebenso wie Kalbsnierchen oder Schweinebäckchen. Freitags und samstags gibt es frischen Fisch. Das Beste steht oft nicht auf der Karte, sondern in weißer Kreideschrift auf der Schiefertafel!

Ende des 19. Jh. waren Biebrich und das benachbarte Amöneburg neben Höchst am Main der angeblich wichtigste Industriestandort in der Rhein-Main-Region. 1858 hatte Heinrich Albert eine Fabrik zur Herstellung künstlichen Düngers gegründet, aus der die Chemischen Werke Albert hervorgingen. 1863 errichtete Wilhelm Kalle eine kleine Farbenfirma, aus der schließlich ein Weltkonzern mit heute 250 Millionen Euro Jahresumsatz und über 1500 Beschäftigten werden sollte. So stammen heute die meisten der in der Welt genutzten künstlichen Wurstpellen aus Wiesbaden.

1997 entstand der **Industriepark Kalle-Albert**, ein riesiges Industriegelände, auf dem rund 80 Gesellschaften mit über 5000 Beschäftigten meist chemische Produkte herstellen. Ebenfalls ein Weltkonzern ist die Baustofffirma **Dyckerhoff** im mit Biebrich verbundenen Amöneburg. Sie wurde 1864 gegründet und trägt mit ihren Markenprodukten Wiesbadens Namen in alle Welt. Schon 1884 lieferte Dyckerhoff achttausend Fässer mit Portlandzement für das Fundament der New Yorker Freiheitsstatue und bewies so seine internationale Markenqualität. Dies gilt übrigens auch

## Die Henkells: Vom Weinhändler zum Markenartikler

1832 gründete Adam Henkell in Mainz eine kleine Weinhandlung. Rund ein Vierteljahrhundert später begann er mit der Produktion von Sekt, doch erst seinem Enkel Otto gelang schließlich 1894 mit **„Henkell Trocken"**, einem Cuvee aus Weinen des Jahrgangs 1892, der Durchbruch. Es war das erste Markenprodukt, mit dem Henkell schließlich zum Marktführer der Sektbranche wurde. Mit dem Erfolg brauchte man Platz. Also siedelte der Betrieb Anfang des 20. Jahrhunderts nach Biebrich in einen klassizistischen Neubau mit prachtvollem Marmorsaal als Empfangshalle und einem gewaltigen Walmdach aus Glas und Kupfer um, in das sogenannte Henkellsfeld, das im Volksmund meist nur **Sektschloss** genannt wird. 1935 brachte Henkell & Co den „Pikkolo" unter das Volk und sicherte sich so seinen wirtschaftlichen Rang.

Nach dem Zweiten Weltkrieg wurde das teilweise zerstörte Firmengebäude rasch wieder aufgebaut und die Firma konsolidiert. Die **Wirtschaftswunderjahre** mit der neuen Lust am Leben beflügelten den Sektabsatz und die Expansion der Firma weiter. Immer neue Marken kamen hinzu, bis Henkell und die Firma Söhnlein 1987 unter dem Dach der Oetker-Gruppe fusionierten. Heute ist die Sektkellerei in Biebrich Zentrale von **Henkell & Co.** mit Tochterunternehmen in über 20 Ländern. Seit 1928 bietet Henkell in Biebrich **Betriebsführungen** an. Zu sehen sind dabei vor allem die sich über sieben Stockwerke erstreckenden Keller, in denen die Weine in 200.000 Liter großen Fässern bis zu ihrer Weiterverarbeitung lagern. Ein **Sektmuseum** erzählt von den Anfangstagen der Sektherstellung. Höhepunkt der neunzigminütigen Führung ist schließlich eine **Sektverkostung.** Führungen finden jeden Werktag um 10 und 14 Uhr statt, dienstags und freitags zusätzlich nach Vereinbarung. Eine Teilnahme ist nur nach telefonischer Anmeldung etwa drei Wochen im Voraus möglich.

★**104** [ej] **Henkell & Co Sektkellerei KG,** Biebricher Allee 142, Tel. 0611 630, www.henkell.de, Haltestelle: Landesdenkmal, Mindestteilnehmerzahl: 5 Personen (Einzelpersonen können sich Gruppen anschließen), Kosten: 8 € inklusive Sektprobe

für die Sektfabrik **Henkell**, die sich Anfang des 20. Jahrhunderts in Biebrich ansiedelte.

Die vielen industriellen Arbeitsplätze prägen bis heute das kleine, **multikulturelle Städtchen**, in dem fast jeder vierte Einwohner Ausländer ist. Die meisten sind Türken oder Griechen, was sich auch an den **Gotteshäusern** zeigt. So gibt es neben einer katholischen und einer evangelischen Kirche auch eine Moschee und ein orthodoxes Gotteshaus. Nur ein paar Schritte vom Biebricher Schloss entfernt, in dem einst mit Prunk und Protz regiert wurde und wo der hessische Ministerpräsident noch heute gern Hof hält, taucht man in eine völlig andere Welt ein, die auch ihre Reize haben kann – vor allem für Reisende, denen persönliche Erfahrungen wichtiger sind als die touristischen Verlockungen des Mainstream.

› Haltestelle: Robert-Krekel-Anlage

## Wiesbaden entdecken
### Außerhalb des Stadtzentrums

### ㉙ Biebricher Schloss ★★★ [dk]

*Das Biebricher Schloss, die barocke Residenz der einstigen Landesfürsten, ist Wiesbadens eindrucksvollstes Schmuckstück am Rhein. Eingebettet zwischen einem wunderschönen Park und dem Fluss ist es jährlich zu Pfingsten stattliche Kulisse eines internationalen Reitturniers. Rotunde, Galerien und Pavillons dienen der Hessischen Landesregierung heute als repräsentativer Ort für große Empfänge. Außerdem sind im Schloss das Landesamt für Denkmalpflege und die Deutsche Film- und Medienbewertung (FBW) untergebracht. Die große Terrasse zum Rhein hin ist im Sommer bewirtschaftet, sodass man vor barocker Kulisse trefflich tafeln kann.*

Anfangs war das Schloss am Rhein nur eine Sommerresidenz, ein kleines Haus für den nassauischen Landesfürsten und seine Gemahlin. Im Lauf der Jahre allerdings wurde der Bau immer größer. So entstand in der ersten Hälfte des 18. Jahrhunderts ein **barockes Lustschloss**, ein Ort für große Empfänge, rauschende Feste und Feiern, ein „Versailles am Rhein", dessen **dreiflügliger Bau** Mitte des 18. Jahrhunderts vollendet war. 1744 verlegte der nassauische Fürst Karl seinen Regierungssitz von Usingen nach Biebrich, das von da an bis zur Fertigstellung des Stadtschlosses ❹ zur Residenz der nassauischen Fürsten und Herzöge wurde.

Besonderen Wert legten die Nutzer des Schlosses auf den **Park**, der ursprünglich nach dem Vorbild französischer Landschaftsgärten als Lustgarten angelegt worden war – mit einem kleinen Irrgarten und einem barocken Heckentheater. Später wurde der Park erweitert und im englischen Landschaftsstil erneuert. Eine wohl im 13. Jahrhundert errichtete Wasserburg, die **Mosburg**, wurde als Wohnstätte in das riesige Parkgelände integriert und diente dem Schlossherrn als Rückzugsraum.

1848 wurde das große **Gewächshaus mit Wintergarten** fertig, eine Gruppe von Pflanzenschauhäusern aus Eisen und Glas, die im Sommer gegen Eintrittsgeld besichtigt werden konnten. Groß war der Besucheransturm, noch größer die Reputation des Hauses unter Botanikern, sodass die Gewächshäuser immer mehr wurden. „Biebrichs Gärten", notierte das Deutsche Magazin für Garten- und Blumenkunde 1861, „sind ein Juwel der Nassauer; ja der deutschen Lande, und wird einst dessen kunstsinniger Herzog Hand an ein Palmenhaus legen lassen, so wird es den würdigen Schlußstein der dortigen Schöpfungen bilden, und die Gärten werden die reichsten des Continents sein." Nach der Auflösung des Herzogtums Nassau verwilderte die Anlage jedoch und der entmachtete Landesherr ver-

> **EXTRAINFO**
>
> **Schloss Biebrich:**
> **Baugeschichte in Jahreszahlen**
> › **um 1700:** Bau zweier Gartenpavillons
> › **ab 1707:** Verbindung der Pavillons
> › **1708:** Anlage des Schlossgartens als barocker Park
> › **1737:** Vollendung des Ostflügels
> › **1744:** Vollendung des Westflügels
> › **ab 1817:** Umgestaltung des Parks zum Landschaftsgarten
> › **1934:** Verkauf des Schlosses an Preußen
> › **1945:** Zerstörung des Ostflügels durch Brand
> › **1981:** Wiederaufbau des Ostflügels

## Wiesbaden entdecken
### Außerhalb des Stadtzentrums

kaufte seine Gewächshäuser 1868 samt Pflanzen nach Frankfurt, wo sie zum Grundstock des neuen Palmengartens wurden.

Mit dem Ende des Herzogtums war auch das Schicksal des Schlosses besiegelt, in das der im Wiener Exil lebende Herzog, der weiter Besitzer des Hauses blieb, kaum noch Geld steckte. Schließlich wurde ein Großteil seiner Inneneinrichtung verkauft und nur noch das Nötigste repariert. 1934 veräußerte eine Enkelin Herzog Adolfs das Biebricher Schloss an den preußischen Staat, der es renovieren wollte. Doch der **Zweite Weltkrieg** machte alle Pläne zunichte. Der Ostflügel wurde nach Bombenangriffen komplett zerstört, der Rest war kaum noch zu nutzen. Nur die Ansiedlung der **Freiwilligen Selbstkontrolle der Filmwirtschaft (FSK)**, die hier lange ihren Sitz hatte, verhinderte den völligen Zerfall des Schlosses. Teilweise war die Anlage so heruntergekommen, dass man sie als „Rattenburg am Rhein" verspottete.

Die Wende kam in den 1960er-Jahren, als der neue Eigentümer, das Bundesland Hessen, das einstige Barock-Juwel langsam wieder aufmöbelte. Als Erstes den Westflügel, den schließlich das **Hessische Landesamt für Denkmalpflege** bezog. Anfang der 1980er-Jahre wurde der Ostflügel in symmetrischer Angleichung an den Westflügel historisierend wieder aufgebaut und die Innenräume sorgfältig restauriert. Seitdem haben dort **Behörden** wie die Landesarchäologen eine neue Heimat gefunden.

Rotunde und Galerien dienen der Landesregierung als **repräsentative Stätte für Staatsempfänge** und andere Veranstaltungen. Die Kuppel des Schlosses ist innen mit antiken Götterfiguren bemalt. Oben auf der Rotunde stehen ebenfalls **Statuen antiker Götter** – unter anderem Minerva, Mars, Venus, Merkur, Jupiter, Juno, Apoll und Diana. Die ehemalige Kapelle im Untergeschoss der Rotun-

*Das Schloss Biebrich ist ein barockes Juwel*

## Außerhalb des Stadtzentrums

**KURZ & KNAPP**

### Wagners Meistersinger
In einer noch heute bestehenden Villa in Biebrich unweit des Rheinufers schrieb **Richard Wagner** im Jahr 1862 Teile seiner Oper „**Die Meistersinger von Nürnberg**". Im obersten Stockwerk komponierte er täglich acht bis zehn Stunden. Als Arbeitsgrundlage diente ihm zeitweise ein Werk aus der Wiesbadener Landesbibliothek, das 1697 erschienene „Buch von der Meistersinger Holdseligen Kunst". Weil der Hund seines Vermieters ihm in die rechte Hand biss, war Wagner allerdings lange Zeit zum Müßiggang gezwungen. Die so gewonnene Zeit soll er zu Ausflügen mit Freunden und Bekannten in den Rheingau genutzt haben, wo Johannesberger Wein manch unfreiwillig freien Arbeitstag verschönerte.

de dient inzwischen als **Café und Restaurant**, das seine Gäste im Sommer auch auf der großen Außenterrasse des Schlosses bewirtet. Es ist einer der schönsten Plätze in Wiesbaden, um den Sonnenuntergang zu erleben. Beliebt ist der Platz auch bei Hochzeitsgesellschaften, denn man kann im Schloss inzwischen auch standesamtlich heiraten.

Leider ist das Schloss nur einmal monatlich im Rahmen von **Führungen** zu besichtigen. Dafür aber steht der **Schlosspark** Besuchern das ganze Jahr über offen: eine großzügige Grünanlage mit kleinen Hügeln, Weihern und der Mosburg. Der Park mit seinen rund 3000 Bäumen übte schon immer eine fast magische Wirkung auf Besucher aus. „Der Garten", schrieb der junge Dichter Clemens von Brentano anno 1805 nach seinem Besuch, „ist wie eine wunderschöne spanische Prinzessin, welche schwärmerische Augen hat und ihrem Bräutigam, der ebenso ist, aber heimlich liebt, diplomatisch vorgestellt wird".

Die Verwaltung der Staatlichen Schlösser und Gärten Hessens hat sich in den letzten Jahren bemüht, den Schlosspark im alten Stil wieder herzurichten. So wurde der sogenannte **Pomologische Garten** (Obstgarten) von einst wieder hergestellt. Und auch die **Orangerie** aus der Mitte des 19. Jahrhunderts glänzt längst wieder als Unterstellplatz für die frostempfindlichen Kübelpflanzen des Parks, der übrigens nicht nur wegen seines Pflanzenreichtums bekannt ist. Seit mehreren Jahrzehnten bevölkern ihn auch mehrere Hundert Halsband- und Alexandersittiche: **grüne Papageien**, denen die Kälte wenig anhaben kann und die in den großen Platanen des Parks gern brüten.

Hochbetrieb herrscht jährlich zu Pfingsten im Schlossgarten, wenn sich zum **internationalen Reitturnier** Pferdesportliebhaber aus aller Herren Länder treffen. Im Olympiajahr 1952 fand das erste Turnier in Biebrich statt, bei dem seither die Weltelite der Spring- und Dressurreiter zusammenkommt. Josef Neckermann mit seinem Pferd Antoinette schrieb ebenso Turniergeschichte wie Hans Günter Winkler mit der legendären Halla oder Liselott Linsenhoff mit Piaff.

› **Schloss Biebrich**, Rheingaustr. 140, Haltestelle: Schloss Biebrich, Tel. 0611 66399, www.hi.hessen.de, Führungen vom Verschönerungs- und Verkehrsverein Biebrich einmal monatlich (meist am zweiten Mittwoch im Monat um 15 Uhr, genaue Termine siehe Website), Treffpunkt an der Rotunde, 4 €. Das Restaurant im Schloss ist Mo.–So. ab 11 Uhr geöffnet. Tischreservierung: Tel 0611 7244481, www.schlossbiebrich.de.

## Wiesbaden entdecken
### Außerhalb des Stadtzentrums

### ③⓪ Schierstein ★ [ck]

Nur wenige Minuten Bus- oder Autofahrt südwestlich der Wiesbadener Innenstadt liegt Schierstein mit seinem großen **Hafen** und der lang gestreckten **Uferpromenade**, die im Volksmund „**Schiersteiner Riviera**" genannt wird. Hier liegt auch die „Tamara" vor Anker, ein kleines Ausflugsschiff, das in der warmen Jahreszeit die **Rettbergsaue** ansteuert, eine Insel zur Naherholung mit zwei kleinen Campingplätzen.

Als wichtige Zukunftsinvestition war der Bau des Hafens Mitte des 19. Jahrhunderts gedacht. Heute spielt er aber nur noch für Segler, Jachtkapitäne und Wassersportler eine Rolle. Außerdem gilt Schierstein als eines der Zentren des deutschen **Drachenbootsports**. Beim Schiersteiner Hafenfest, einem der größten Volksfeste der Region, messen die Drachenbootfahrer jährlich ihr Können.

An die **römische Vergangenheit der Stadt** erinnert die Nachbildung einer **Jupitersäule** an der Uferpromenade. Das Original stammt aus dem Jahr 221 und wurde 1888 in Schierstein gefunden. Der 1859 angelegte **Hafen** sollte einst die Wirtschaft beleben. Stattdessen aber nutzten ihn vor allem Fischer und Flößer als Umschlagplatz, die hier Hölzer aus dem Spessart und Schwarzwald mit Stämmen aus dem Taunus zusammenfügten und weiter Richtung Holland schickten. Bundeswehr und US-Armee waren nach dem Zweiten Weltkrieg die wichtigsten Nutznießer des Hafens, dessen Einfahrt seit fast einem halben Jahrhundert eine große Brücke überspannt. Sie macht vor allem im Sommer lange Uferspaziergänge oder Fahrradtouren möglich. In Ufernähe wurden inzwischen auch wieder Weißstörche angesiedelt, die sich hier gut beobachten lassen.

› Haltestelle: Hafen

### ③① Mainz-Kastel ★ [Umgebung]

Gegenüber der rheinland-pfälzischen Landeshauptstadt liegt der verwaltungstechnisch zu Wiesbaden gehörende **Vorort Mainz-Kastel**. Kastel und Mainz verbindet die 1885 geschaffene **Theodor-Heuss-Brücke**, eine klassische Bogenbrücke und bis zum Bau der beiden Autobahnbrücken im Norden und Süden von Mainz auch lange Zeit die einzige Straßenverbindung zwischen Mainz und Wiesbaden. Ihr Architekt war Friedrich von Thiersch, der auch das Wiesbadener Kurhaus ⑪ geplant hatte.

Finanziert wurde der Rheinübergang mit einem **Brückengeld**. So musste anfangs jeder Fußgänger für die Nutzung der Brücke 4 Pfennig zahlen, 5 Pfennig jeder Fahrgast der Pferdebahn. Nur Schüler waren vom Octroi, wie man den Brückenzoll damals nannte, befreit. Im März 1945 sprengten deutsche Pioniere das Bauwerk. Doch schon 1950 war der neue Übergang fertig, den der damalige Bundespräsident Theodor Heuss

---

**KLEINE PAUSE**

**Schwimmendes Restaurant**

Arche Noah heißt das **Restaurant-Schiff** mit seiner Freiluftterrasse, die im Sommer sehr gefragt ist. Serviert wird einfache und meist rustikale Hausmannskost, aber zur Arche Noah kommt man ja nicht, weil man Hunger oder Durst hat, sondern weil man so schön am Wasser sitzt.

📍105 [ck] **Arche Noah**, Hafenstr. 1, Tel. 0611 21776

einweihte. Seitdem trägt das rund 500 Meter lange Bauwerk seinen Namen. In den 1990er-Jahren wurde die Brücke für fast 140 Millionen Mark generalsaniert, alle Stahlbögen wurden ausgetauscht und die Fahrbahnplatten erneuert. Außerdem suchte man bei der Neugestaltung die alte Schönheit der Lampen und Geländer wieder herzustellen.

Das Prunkstück Kastels ist der schöne **Strand**, der im Sommer Mittelmeerfeeling aufkommen lässt. Bei gutem Wetter trifft sich hier dann der Jetset aus Frankfurt und Wiesbaden mit dem Mainzer Feiervolk. Am Kasteler Ufer, gleich oberhalb der Rheinbrücke, ankert auch vermutlich Deutschlands einziges Schiff, das behördlich als „Gebäude mit besonderer Bauart" registriert ist: die **Pieter van Aemstel**. Lange Zeit war der Dreimaster als Heringsfänger in der Nordsee im Einsatz, ehe ihn seine holländischen Eigner Mitte der 1980er-Jahre als Restaurantschiff nach Deutschland schafften.

Seit einigen Jahren kommen in Kastel zudem **Graffiti-Freunde** auf ihre Kosten. Rund um den **Hochkreisel** finden sich viele Dutzend große und kleine Wandzeichnungen, die dort Jahr für Jahr im Rahmen des Sprayer-Festivals „Meeting of Styles" entstehen. Fantastische Bilderwelten beleben so das Jahr über Hauswände und Unterführungen und machen Kastel zur größten Graffiti-Galerie im Rhein-Main-Gebiet.

Am Rhein entlang führt ein bequemer Weg zur Main-Mündung bei Kostheim und weiter am Main entlang Richtung Frankfurt. Er überquert die **Maaraue**, die zu Pfingsten anno 1184 Schauplatz eines der größten mittelalterlichen Feste war. Damals kamen Zehntausende von Rittern samt Gefolge auf den Rheinwiesen zusammen, um mit **Kaiser Friedrich Barbarossa** die Schwertleite, den Ritterschlag seiner beiden Söhne Friedrich und Heinrich, zu feiern. Ein Gedenkstein inmitten der Maaraue erinnert heute an das Event von damals.
› Haltestelle: Kastel Brückenkopf oder Bahnhof Kastel

## ㉜ Frauenstein ★ [ai]

Frauenstein ist sicher einer der schönsten Vororte Wiesbadens. Ein Straßendorf im Südwesten der hessischen Hauptstadt, das sich in ein langes Tal vom Taunus Richtung Rhein zwängt. „**Tor zum Rheingau**" nennt sich Frauenstein deshalb selbstbewusst. Besonders schön ist es hier im Frühjahr, wenn Tausende von **Kirschbäumen** in der Blüte stehen. Aber auch der Herbst hat seine schönen Zeiten, wenn die Frauensteiner in ihren **Weinbergen** die Ernte einbringen.

Wahrzeichen ist die **Burg**, die den Ort wie ein Leuchtturm überragt. Sie wurde im Jahr 1182 von den Herren von Schierstein errichtet, die sich von da an „von Frauenstein" nannten. 1319 übernahm das Erzbistum Mainz das Anwesen von den verarmten Burgherren, das in der Folgezeit immer mal wieder zerstört und wieder aufgebaut wurde, schließlich aber immer mehr verfiel. Es war deshalb ein Glücksfall, als der Burgverein Frauenstein das Anwesen 1996 kaufte und sanierte. Die Burg ist gewöhnlich von Ostern bis Ende Oktober sonntags von 15 bis 17 Uhr zu besichtigen (www.burgverein-frauenstein.de).

Ein weiteres Wahrzeichen ist der sogenannte **Goethestein**, ein haushohes, aus Natursteinen zusammengefügtes Denkmal in einem kleinen Wäldchen oberhalb Frauensteins.

Wiesbaden entdecken

## Außerhalb des Stadtzentrums

**KLEINE PAUSE**

### Rieslingsuppe neben Wildgerichten

Wer den Rheingau schon in Wiesbaden schmecken will: Im **Weinhaus Sinz** (s. S. 22) ist dazu immer Gelegenheit. „Rheingauer Rieslingsuppe mit Kräuterkrusteln" gehört zu den Ganzjahres-Spezialitäten. Im Herbst sind Wildhasenrücken, Hirschmedaillon oder Rehbraten gefragt, deren Fleisch der Jagd in Frauensteins Umgebung entstammt. Marktfrische Gänse kommen ab dem Martinstag auf die Speisekarte. Regionale Küche ist das, die fast immer in großen und kleinen Portionen serviert wird. Spätburgunder und St. Laurent, die vor der Haustür reifen, verwöhnen die Rotweinfreunde. Autofahrern sei der „Rote Spritzer" ans Herz gelegt, ein mit Wasser und Zitrone gespritzter roter Traubensaft.

Es erinnert an Johann Wolfgang von Goethe, der hier 1815 geologische Studien betrieb. Der Blick von oben auf den Rhein, Rheinhessen und die am Fluss liegenden Vororte Wiesbadens ist einmalig. Am Goethestein führt auch der am Biebricher Schloss ❷❾ beginnende **Rheinsteig** entlang, einer der schönsten und populärsten deutschen Wanderwege.
❯ Haltestelle: Wiesbaden-Frauenstein Burg

### ❸❸ Schloss Freudenberg ★★ [bi]

Schloss Freudenberg ist ein „Forschungslabor" für Kinder und Erwachsene, eine **einmalige Erlebnislandschaft** vor den Toren der Stadt. Schon an der Kasse wird jedem klar: Hier betritt man kein Museum, sondern ein **Reich zur Schärfung der Sinne**. Ereigniskarten heißen die Eintrittskarten deshalb, deren Preise je nach Angebot im Winter und Sommer schwanken. Gut 80 Mitarbeiter aus mehr als einem Dutzend verschiedenster Nationen versuchen, im Schloss und seinem großen Park sinnliche Erfahrungen an die rund 100.000 Besucher jährlich weiterzugeben. Für das leibliche Wohl sorgt das **Schlosscafé** mit seiner Sonnenterrasse.

Das Anfang des 20. Jahrhunderts erbaute Anwesen im Stadtteil Dotzheim ist genau betrachtet kein Schloss, sondern die **Parkvilla** eines malenden Paares, das aber 1908 schon wieder auszog. Im Ersten Weltkrieg nutzten Offiziere der französischen Armee den Palast als Kasino. Danach war Schloss Freudenberg Gästehaus, Kinder- oder Mütterheim. Nach dem Zweiten Weltkrieg nahmen amerikanische Offiziere das Anwesen erneut als Kasino in Beschlag. Mitte der 1970er-Jahre war das inzwischen heruntergewirtschaftete Gebäude für einige Jahre Sitz einer Pfingstgemeinde. Danach kaufte es die Stadt Wiesbaden.

Nach zehnjährigem Leerstand war es 1993 deshalb ein Glücksfall, als die **Gesellschaft Natur & Kunst gemeinnütziger e.V.** Schloss Freudenberg bezog. Eine Gruppe von Künstlern, Handwerkern und Pädagogen, die Schloss und Park in ein „Erfahrungsfeld der Sinne und des Denkens" verwandelten, ein experimentelles und kreatives Labor. Ihr geistiger Ziehvater war der in Essen geborene Künstler und Pädagoge **Hugo Kükelhaus** (1890–1984) – ein gelernter Tischler, der an den Universitäten Heidelberg, Münster und Königsberg studierte und mit seinen Kreationen die Möglichkeit zu neuen Erfahrungen der Sinne schuf. „Erfahren hat mit Fahren

# Wiesbaden entdecken
## Außerhalb des Stadtzentrums

zu tun", schrieb er einmal. "Hier liegt die Hürde. Wir sind seit Jahrhunderten darin geübt, die Erfahrung durch die Kenntnis zu ersetzen. Und leben in einer Ersatzwelt. In der nichts anderes ersetzt wird, als das Leben selbst, eben: die Erfahrung."

Besucher können auf Schloss Freudenberg heute die Welt unter anderem tastend erobern. Möglich machen das eine **DunkelBar** und ein Restaurant, in der sehbehinderte und blinde Mitarbeiter arbeiten. Sie servieren Tee und Kaffee, vor allem aber auch ganze Menüs aus biologisch angebauten Lebensmitteln. Beim „NachtMahl" ist es stockdunkel, der Gast riecht und schmeckt sein Mahl nur.

Herzstück der Anlage sind aber die **sinnlichen Erfahrungsfelder zur Entfaltung des Denkens.** An mehr als 100 Stationen werden den Besuchern spielerisch Naturphänomene wie Gleichgewicht, Schwerkraft, Licht und Finsternis, Klang und Resonanz nahe gebracht. Dazu gehört auch ein **Barfußweg** durch den Parkwald, der den Tastsinn der Fußsohlen anregen soll. Windharfe, Summstein, Kräutergarten und verschiedene Schaukeln ermöglichen wieder andere Erfahrungen.

So durchweht Schloss Freudenberg der Geist von Rudolf Steiner, Maria Montessori oder Joseph Beuys – von Männern und Frauen, die es gewohnt waren, weiter als andere zu denken und die den **verantwortungsvollen Umgang mit der Natur** lehrten. Seit einigen Jahren gibt es in Wiesbaden-Dotzheim deshalb auch eine „**Schule für WahrnehmungsKunst – Die Wilde 13**", auf der man im Rahmen einer zweijährigen Ausbildung in Schloss und Park mit den Bildungsprinzipien von Schloss Freudenberg Bekanntschaft macht. Die Zahl 13, heißt es, stehe dabei „für Wandel, Wandlung, Wendung und Überwindung" und erweitere die geläufigen Vorstellungen von der Anzahl unserer Sinne.

› **Schloss Freudenberg,** Freudenbergstraße 224–226, Haltestelle: Märchenland, Tel. 0611 4110141, www.schlossfreudenberg.de, Nov.–Febr. Di.–Fr. 9–17, Sa.–So. 11–18 Uhr, März–Okt. Mo.–Fr. 9–18, Sa.–So. 11–18 Uhr (während der hessischen Ferienzeit öffnet das Schloss erst um 10 Uhr), Eintritt: Tageskarte 13–19 €, Familienkarte (2 Erwachsene, 2 Kinder) 35–50 €

## ㉞ Tier- und Pflanzenpark Fasanerie ★★ [bg]

**Braunbären** neben **Wölfen** – in Wiesbadens Fasanerie kann man Tieren in naturnaher Umgebung zusehen. Mit rund 250.000 Besuchern jährlich zählt der Park vor den Toren der Stadt zu den populärsten Ausflugszielen. Vor allem Familien mit Kindern fühlen sich hier das ganze Jahr über wohl, denn neben zahlreichen Tiergehegen gibt es auch einen großen **Abenteuerspielplatz.** An Sommerwo-

# Wiesbaden entdecken
## Außerhalb des Stadtzentrums

chenenden oder Festtagen wie Ostern oder Pfingsten ist die Fasanerie, zu der auch ein Restaurant gehört, allerdings manchmal überlaufen.

Der rund 25 Hektar große Park liegt im Nordwesten weit außerhalb der Stadt. **Mehr als 50 Tierarten** sind auf dem weitläufigen Gelände am Taunusrand heimisch – vom Storch bis zum Fischotter, vom Schwein bis zum Waschbär, rund 250 Wild- und Haustiere insgesamt. Ein **Baumlehrpfad** informiert über heimische und exotische Sträucher und Bäume. So findet der Besucher in dem Park unter anderem auch Kaukasustannen und nordamerikanische Mammutbäume. Für die jüngsten Parkbesucher gibt es ein großes **Streichelgehege** und zahlreiche Spielgeräte. Wer Lust hat, kann den Tieren auch bei der täglichen Fütterung zuschauen.

Das **Jagdschloss Fasanerie** wurde 1749 errichtet. Die umliegenden Wälder und Wiesen dienten den Herrschaften damals als Jagdrevier. Lange Zeit wurden hier, wie der Schlossname nahelegt, Fasanen aufgezogen. Aber auch als Baumschule wurde das Gelände zeitweise genutzt. 1912 ging die Fasanerie von der königlich-preußischen Forstverwaltung in das Eigentum der Stadt Wiesbaden über, die den Tierpark seit Hofgut heute betreut und finanziert. Im Sommer lockt ein großer **Biergarten**, den Rest des Jahres ein **Restaurant mit Wintergarten**. Ein Stadtbus fährt übrigens bis vor die Eingangstore und der

Eintritt ist frei, was vor allem Familien mit Kindern freuen dürfte.

❯ Wilfried-Ries-Str. 22, Haltestelle: Tierpark Fasanerie, Tel. 0611 4090770, www.wiesbaden.de/fasanerie, Öffnungszeiten: tgl. 9–17 Uhr (April–Oktober bis 18 Uhr). Hunde sind im Tierpark leider nicht erlaubt. Biergarten und Restaurant haben montags Ruhetag.

## ㉟ Jagdschloss Platte ★ [Umgebung]

An der Bundesstraße 417 Richtung Taunusstein, gut zehn Autominuten von der Wiesbadener Innenstadt entfernt, befindet sich auf einer Bergkuppe das Jagdschloss Platte. Schon im 18. Jahrhundert gingen hier die nassauischen Herzöge auf die Jagd. Die Landesherren liebten das Areal hoch über der Stadt, von dem sie einen schönen Blick auf Wiesbaden hatten. 1823 bis 1826 entstand schließlich das Jagdschloss Platte, ein repräsentativer Bau **im Stil der Renaissance**. Zaren und Kaiserinnen waren dort zu Gast – und natürlich die Schickeria

△ *In der Fasanerie kommt man den tierischen Bewohnern ganz nah*

◁ *Die Welt entdecken – auf Schloss Freudenberg werden die Sinne spielerisch geschärft*

# Wiesbaden entdecken
## Außerhalb des Stadtzentrums

des Herzogtums. Bei einem Luftangriff Ende des Zweiten Weltkriegs wurde das Gebäude allerdings fast völlig zerstört. Übrig blieb eine einsturzgefährdete Ruine, die jahrelang kaum Beachtung fand. Erst nach Gründung der **Stiftung Jagdschloss Platte e. V.** begann man damit, die Ruine zu sichern und langsam als **Hochzeits- oder Party-Location** nutzbar zu machen.

Im Jahr 2003 wurde die historische Ruine mit einem **modernen Glasdach** überspannt, welches die verbliebene historische Bausubstanz in Form einer umgekehrten Pyramide betont. Auch das alte **Treppenhaus** von 1826, eine Rotunde mit gegenseitig verlaufendem Treppenpaar, wurde originalgetreu wiederhergestellt. Seitdem ist das Jagdschloss ein gefragter Veranstaltungsort, Rahmen für Firmen- und Familienfeste, Tagungen oder Präsentationen – ein Ort zum Feiern für bis zu 600 Personen. Biker, Wanderer, Spaziergänger und im Winter auch Langläufer fühlen sich in den umliegenden **Wäldern** gut aufgehoben – alle anderen verwöhnt der das ganze Jahr über geöffnete **Gasthof** mit steirischen Backhendl, Käsespätzle, Tafelspitz oder Palatschinken.

› **Gasthof Jagdschloss Platte,** Jagdschloss Platte, Haltestelle: Wiesbaden Platte, Tel. 0611 181180, www.jagdschlossplatte.de, Di.–So. 12–24 Uhr, durchgehend warme Küche.

## ㊱ Sonnenberg mit Burg ★ [eg]

Schon zur Wende vom 19. ins 20. Jahrhundert war Sonnenberg durch den Bau neuer Villen entlang des Kurparks und der weiterführenden Straßen mit Wiesbaden so gut wie zusammengewachsen. Allerdings dauerte es bis 1926, ehe der Ort offiziell eingemeindet wurde. Schon früh war Sonnenberg für viele Kurgäste ein bevorzugtes Ausflugsziel, war es doch aus Wiesbaden ein bequemer Spaziergang dorthin. Heute hat das ehemalige Dörfchen mit über 32.000 Euro pro Einwohner die höchste Kaufkraft der Stadt. Hoch über dem Tal wohnen viele Millionäre in stattlichen Villen, sodass die Gegend bei den Einheimischen „**Millionärshügel**" heißt.

Seinen Namen verdankt der Stadtteil der **Burg Sonnenberg**, die im Mittelalter das zum Haus Nassau gehörende Wiesbaden vor den angriffslustigen Herren von Eppstein schützen sollte. Immer wieder wurde die Burg im Lauf ihrer Geschichte zerstört, zuletzt im Dreißigjährigen Krieg. Danach diente die Ruine den Einheimischen als Steinbruch für den Wiederaufbau der Häuser im Tal. Inzwischen hat man die Burg aufwendig saniert und das **Burgrestaurant** mit seiner großen Terrasse gehört im Sommer zu den beliebten Ausflugszielen.

Ein Burgherr war es, der 1429 im Tal den Bau der **Kapelle St. Maria** finanzierte. Die anfangs katholische Kapelle wurde ab 1529 auch von den Protestanten genutzt, die später dort die alleinigen Herren waren. 1890 nahmen Sonnenbergs Katholiken die **Herz-Jesu-Kirche** „in Betrieb", die innen mit neugotischen Malereien, farbigen Glasfenstern und einer goldenen Ikone sowie einer Pietà aus dem 19. Jahrhundert aufwartet. Bekanntester Bürger Sonnenbergs war **Konrad Duden** (1829–1911), der in dem Wiesbadener Vorort seinen Lebensabend verbrachte. Eine Gedenktafel an seinem Haus in der Kaiser-Friedrich-Straße erinnert noch heute an den populären Sprachwissenschaftler.

› Haltestelle: Hofgartenplatz

## Wiesbaden entdecken
### Außerhalb des Stadtzentrums

### ㊲ Domäne Mechtildshausen ★ [Umgebung]

Die Domäne Mechtildshausen ist **Wiesbadens größter landwirtschaftlicher Betrieb** und eine der populärsten **Einkaufsadressen für frische Lebensmittel** im Rhein-Main-Gebiet. Viele Dutzend Gemüsesorten werden rund um die Anlage angebaut und vor Ort vermarktet, dazu Fleisch und Obst. Wer will, kann an Ort und Stelle auch gleich probieren: In zwei **Restaurants** und einem großen **Café** werden die hausgemachten Produkte veredelt und serviert.

Die Domäne Mechtildshausen fand schon im 12. Jahrhundert erstmals als königliches Lehen Erwähnung. Seitdem hatte sie immer wieder neue Besitzer, bis sie nach Gründung des Bundeslandes Hessen an das Land überging und als landwirtschaftlicher Betrieb verpachtet wurde. 1987 übernahm die Wiesbadener Jugendwerkstatt die Staatsdomäne als **Ausbildungsstätte** für junge Menschen. Noch im selben Jahr wurde der Betrieb auf **organisch-biologische Produktion** umgestellt. Zehn Jahre später besuchte Englands Prinz Charles den mittlerweile zertifizierten Vorzeigebetrieb, ließ sich die neuen landwirtschaftlichen Grundlagen erläutern und speiste anschließend im Hofrestaurant.

Eine Herde von Charolais-Rindern und ein paar sehr seltene Glanrinder sind die Basis der **Fleischerzeugung**. Zur **Milchgewinnung** dienen Montbéliard- und Jersey-Kühe, außerdem werden **Schweine** und **Hühner** gehalten, daneben **Gänse, Enten, Wachteln** und **Tauben**. Die Domäne ist außerdem Stallung für zahllose **Pferde**. Ein Paradies für Kinder, die hier hautnah mit den Tieren in Kontakt kommen können.

Über zwei Dutzend verschiedenste Berufe können in Erbenheim erlernt werden, vom Metzger bis zum Käser. Fleisch-, Back- und Milchprodukte werden neben Obst und Gemüse in eigener Regie hergestellt und in **kleinen Läden** rund um den Innenhof der Domäne verkauft. Auch auf dem Wiesbadener Wochenmarkt (s. S. 19) ist man mittwochs und samstags mit eigenen Bio-Ständen vertreten. In einer großen Markthalle sind neben Obst und Gemüse hausgemachte Säfte und Marmeladen im Angebot, daneben viele Hundert andere biologisch produzierte Artikel – vom Öko-Wein bis zum hautverträglichen Kosmetikprodukt.

Gegenüber der Domäne befindet sich der **Militärflugplatz Erbenheim.** In seinem Schatten hat seit 2013 das **Hauptquartier der US-Armee in Europa** seinen Sitz. Mehr als eine halbe Milliarde Dollar haben sich die Amerikaner den Umzug ihres *headquarters* von Heidelberg nach Wiesbaden kosten lassen. So entstand neben dem Neubau der Befehlszentrale auch eine große *housing area,* eine ganz neue Wohnsiedlung für die Beschäftigten. Dem einen oder anderen der rund 19.000 in Wiesbaden stationierten US-Soldaten begegnet man gelegentlich auch in einem der Restaurants oder beim Einkauf in der Domäne.

› 65205 Wiesbaden-Erbenheim, Haltestelle: Domäne Mechtildshausen, Tel. 0611 73740, www.domaene-mechtildshausen.de
› **Öffnungszeiten:** Hofläden Di.–Fr. 9–19, Sa. 8–15 Uhr, Restaurant Di.–Sa. mittags und abends, So. nur mittags, Café Bohne tgl. 7.30–20 Uhr, Weinstube tgl. 12–20 Uhr

# Entdeckungen im Umland

### 38 Mainz ★★★ [Umgebung]

*Nur 15 Minuten Zugfahrt oder ein gutes halbes Stündchen mit dem Bus ist es vom Wiesbadener Hauptbahnhof in die **Nachbarmetropole Mainz**, also von der hessischen in die rheinland-pfälzische Landeshauptstadt. Dort lohnen sich ein Bummel durch die sehenswerte Altstadt und im Sommer auch ein Spaziergang am Rhein entlang, der Mainzer Schokoladenseite. Zudem locken viele interessante Museen, allen voran das Gutenbergmuseum gleich neben dem Dom. Wer am Wochenende Zeit und Lust hat: Manchmal gibt es erstklassigen Bundesligafußball in der Wiesbadener Nachbarschaft, wenn Mainz 05 in der Coface-Arena kickt, und sonntagmorgens lädt der ZDF-Fernsehgarten im Sommer zu ein paar gemütlichen Stunden mit kleinen und großen Stars.*

Mainz ist eine Fußgängerstadt. Am besten startet man seinen **Rundgang** am **Dom** (Verlauf s. Karte Seite 110). Von hier geht es zunächst in die Altstadt, vorbei an Johanniskirche, Leichhof und Kirschgarten, wo die umliegenden Gassen zum Bummeln laden. An Augustiner- und Ignazkirche vorbei gelangt man zum **Museum für Antike Schiffahrt.** Von dort führt der Weg leicht bergauf zur **Zitadelle** mit dem **römischen Drususstein.** Ein paar hundert Meter weiter steht die **Stephanskirche** mit den weltberühmten Chagall-Fenstern. Dort sollte man unbedingt auch einen Blick in den gotischen Kreuzgang werfen, den wahrscheinlich schönsten in Mainz. Die **Gaustraße**, das neue Mainzer Inn-Viertel mit seinen Bistros, Cafés, Galerien und kleinen Geschäften, führt bergab zum **Schillerplatz** mit dem Fastnachtsbrunnen und schönen Barockpalästen.

Den Dom vor Augen leitet die breite Ludwigstraße zum **Gutenbergplatz** mit Stadttheater und Gutenberg-Denkmal. Vorbei an der Alten Universität und der ältesten Mainzer Kirche Sankt Quintin erreicht der Stadtbummler Gutenbergs Taufkirche **Sankt Christoph**, die als Ruine heute an Krieg und Leid mahnt. In Sichtweite befindet sich die **Karmeliterkirche**, eine viel zu wenig beachtete Schönheit.

Ein wenig weiter findet sich der Platz der Republik und der Mainz-Besucher ist mitten im sogenannten **Regierungsviertel**. Hier haben die meisten rheinland-pfälzischen Ministerien, das Parlament und die Regierung ihren Sitz und hier steht auch die **römische Jupitersäule** – allerdings nur als Kopie. Das Original hat sein Zuhause ein paar Schritte weiter im **Landesmuseum Mainz**, das die

---

**KLEINE PAUSE**

### Weinhaus Wilhelmi – eine Mainzer Institution

Treffpunkt vieler Mainzer ist eine kleine Weinstube im Schatten des Rathauses. Knapp drei Dutzend offene Weine sind im Angebot – und traditionelle Mainzer Spezialitäten wie Spunde- oder Handkäs'. Besonders empfehlenswert ist das Rumpsteak mit „Zwiwwele", das mit Bratkartoffeln oder Brot auf den Tisch kommt.

 106 [S. 110] **Weinhaus Wilhelmi**, Rheinstr. 53, Tel. 06131 224949, www.weinhaus-wilhelmi.de, tgl. 17–24 Uhr

## Wiesbaden entdecken
### Entdeckungen im Umland

vielleicht wichtigsten Mainzer Kunstschätze beherbergt. Einen Halt für alle ist **Sankt Peter** wert, die schönste Mainzer Barockkirche.

Am **Kurfürstlichen Schloss** vorbei geht es zur **Rheinuferpromenade**, die am Hilton-Hotel und Rathaus entlang zum Fischtorplatz führt. Jetzt sieht man bereits wieder den Dom. Kurz vor dem Ziel locken das **Gutenberg-Museum** und sein Druckladen zur Stippvisite. Krönung aber sollte für jeden Mainz-Besucher ein **Dombesuch** sein, schließlich ist er das Wahrzeichen der Stadt.

› Am schnellsten ist man mit dem Zug in Mainz. Da aber die Bahnhöfe in Wiesbaden und Mainz nicht in der Stadtmitte liegen, ist man mit dem Bus oft besser dran. So verbindet die Buslinie 6 beide Innenstädte und man muss nicht umsteigen (Fahrpreis: 2,60 €).

**107** [S. 110] **Gutenberg-Museum**, Liebfrauenstr. 5, Tel. 06131 122503, www.gutenberg-museum.de, Di.–Sa. 9–17, So. 11–17 Uhr, 5 €

**108** [S. 110] **Landesmuseum Mainz**, Große Bleiche 49–51, Tel. 06131 28570, www.landesmuseum-mainz.de, Di. 10–20, Mi.–So. 10–17 Uhr, 6 €

**109** [S. 110] **Museum für Antike Schiffahrt**, Neutorstr. 2b, Tel. 06131 286630, www.rgzm.de, Di.–So. 10–18 Uhr, Eintritt frei

*Auf dem Marktplatz zu Füßen des Doms pulsiert das Mainzer Leben*

# Wiesbaden entdecken
## Mainz, Zentrum

## Wiesbaden entdecken
### Mainz, Zentrum

# Wiesbaden entdecken
## Entdeckungen im Umland

### 39 ZDF Mainz ★★ [Umgebung]

Auf der anderen Rheinseite, im Mainzer Stadtteil Lerchenberg, der für Autofahrer über die Schiersteiner Autobahnbrücke schnell und bequem zu erreichen ist, hat eine der größten Fernsehanstalten Europas ihren Sitz: das Zweite Deutsche Fernsehen, kurz ZDF genannt. Rund 3000 Mitarbeiter gestalten dort rund um die Uhr verschiedene TV-Programme. Besucher haben die Gelegenheit, den Fernsehmachern bei ihrer Arbeit über die Schulter zu schauen – zum Beispiel samstagabends im „Aktuellen Sportstudio". Und von Mai bis September lockt sonntags gewöhnlich der „ZDF-Fernsehgarten".

Zu den wichtigsten Programmen, die auf dem Lerchenberg produziert werden, gehören die täglichen **Nachrichtensendungen** – vor allem „heute" und „heutejournal". Neben dem ZDF sendet vom Mainzer Lerchenberg auch **3sat**, eine Gemeinschaftseinrichtung von ARD, ZDF, Schweizerischer Radio- und Fernsehgesellschaft und Österreichischem Rundfunk.

Hinzu kommen einige digitale Kanäle wie **ZDFinfo**, **ZDFkultur** oder **ZDFneo**, die ebenfalls in Mainz produziert werden. Besucher können fast das ganze Jahr über im Rahmen einer **Führung** einen Blick hinter die Kulissen werfen.

› ZDF-Str. 1, Mainz-Lerchenberg, www.zdf.de, kostenlose Führungen: Mo.–Fr. um 9.30, 10 oder 14 Uhr (Mindestalter 12 Jahre), Anmeldung: fuehrungen@zdf.de oder Tel. 06131 7014972.

› Anreise: Mit dem Auto von Wiesbaden über die A643 und die A60 bis zur Ausfahrt Lerchenberg. Von dort ist der Zugang ausgeschildert. Vom Mainzer Hauptbahnhof verkehren mehrere Buslinien zum ZDF.

### 40 Hochheim am Main ★★ [Umgebung]

Hoch über dem Main vor den Toren Wiesbadens liegt Hochheim am Main – ein kleines **Winzerstädtchen** mit alten Gassen und Hinterhöfen. Etwas außerhalb, in der am Fluss gelegenen Südstadt, befindet sich der Bahnhof, der von Wiesbaden aus mit der S-Bahn-Linie 1 in gut zehn Minuten zu erreichen ist. Noch einmal gut zehn Minuten geht es dann bergauf durch die Weinberge und an der mächtigen katholischen Pfarrkirche St. Peter und Paul vorbei in die komplett **unter Denkmalschutz stehende Altstadt**.

Der Name Hochheim geht auf eine alte Alemannen-Siedlung zurück. Erstmals Erwähnung findet sie Mitte des 8. Jahrhunderts im Rahmen des Leichenzugs, mit dem man den Mainzer Bischof Bonifatius nach Fulda überführte. 1273 wurde das Dorf vom Kölner ans Mainzer Domkapitel verkauft. 1484 verlieh der Kaiser Hochheim das Recht, jährlich zwei Märkte abzuhalten. Es war der Ursprung des noch heute existierenden **Hochheimer Marktes**, der Anfang November bis zu einer halben Million Besucher lockt und immer einen Besuch wert ist. Dann ziehen die Menschenmassen durch die Straßen mit den kleinen Buden und Glühweinständen und fahren Riesenrad und Karussell. Und wie seit Jahrhunderten wird auch heute noch auf dem Hochheimer Markt Vieh versteigert.

› *Eingebettet in Weinberge: Hochheims Altstadt mit der Kirche Sankt Peter und Paul*

## Wiesbaden entdecken
### Entdeckungen im Umland

Die Südfront der Altstadt ist die Schokoladenseite Hochheims – und damit das so bleibt, hat man auch die davor liegenden **Weinberge** unter Schutz gestellt. Blickfang ist die barocke **Kirche St. Peter und Paul** mit ihren sehenswerten Fresken. Sie stammen von dem Rokokomaler Johann Baptist Enderle, der zahlreiche schwäbische Kirchen und auch die Mainzer Augustinerkirche mit seinen Malereien ausstattete. Sehenswert ist auch die **„Hochheimer Muttergottes"**, die mitten in der Stadt unter einem Baldachin steht.

Hochheim lebt aber von seinen kleinen **Weinstuben und Gutsausschänken**, in denen der rundum wachsende Wein, vor allem Riesling, ausgeschenkt wird. Der Rebensaft hat Hochheim weltberühmt gemacht. So ist der „Hock" schon vor gut eineinhalb Jahrhunderten im englischsprachigen Raum zum Synonym für einfachen lieblichen Rheinwein geworden. Zu seiner Popularität trug vor allem der Besuch der englischen Königin Victoria in Hochheim Mitte des 19. Jahrhunderts bei. Ihr wird auch der Spruch „A good Hock keeps off the doc!" zugeschrieben: „Ein Hochheimer Wein ersetzt den Arzt!"

Heute gehört Hochheim zur **Weinregion Rheingau** und bildet den Kern der **Großlage Daubhaus**. Zu den bekanntesten Weinlagen gehören die unterhalb der Altstadt gelegenen Lagen Domdechaney und Kirchenstück sowie der kleine Königin-Viktoria-Berg. Dort erinnert ein im neugotischen Stil errichtetes Denkmal an den Besuch der Queen. Ein kleines **Weinbaumuseum**, das erste in Hessen, stellt die Arbeit im Weinberg vor: Bodenbereitung, Rebveredlung und -pflanzung, Schädlingsbekämpfung, Traubenlese, Kelter- und Kellereibetrieb.

# Wiesbaden entdecken
## Entdeckungen im Umland

- ❶ 110 **Touristeninformation der Stadtverwaltung Hochheim,** Tel. 06146 900333, www.hochheim.de
- 🏛 111 **Weinbaumuseum Hochheim,** Wiesbadener Str. 1, Hochheim, Tel. 06146 900333, Sa. und So. 15–17 Uhr oder nach Vereinbarung, 2,50 €

### ㊶ Schlangenbad ★ [Umgebung]

Ruhig und seit dem Bau einer Umgehungsstraße auch weitgehend abgeschieden liegt Schlangenbad im Taunus, ein kleiner **Badeort**, der von Wiesbaden aus leicht mit dem Bus (Rheingau-Taunus-Verkehrsgesellschaft, Linie 275) zu erreichen ist. Lässt man die inzwischen eingemeindeten Ortsteile beiseite, ist Schlangenbad mit seinen knapp 1000 Einwohnern wahrscheinlich Deutschlands kleinster Kurort.

Schlangenbads **Thermalwasser** hat einen relativ niedrigen Anteil mineralischer Bestandteile und schmeckt deshalb besonders mild. Das wussten im 18. Jahrhundert auch Kardinäle, Fürsten und Prinzessinnen, Generäle, Diplomaten, Kaufleute und Bankiers zu schätzen, die mit ihrem Gefolge in Schlangenbad residierten und die Abgelegenheit des Ortes schätzten. Und auch in der Romantik war das Bad im Taunus eine begehrte Adresse mit hohem Erholungswert. Heute ist das Bad staatlich, neun Thermalquellen und ein leistungsfähiger Tiefbrunnen fördern täglich rund 1200 Kubikmeter warmes Wasser mit einer konstanten Temperatur zwischen 28 und 32 °C zutage. Wasser, das bei rheumatischen Erkrankungen und anderen Entzündungen heilen helfen soll.

Der Name des Kurortes verweist übrigens auf die hier noch in freier Natur vorkommende ungiftige **Äskulapnatter,** die größte in Deutschland vorkommende Schlange. Mehrmals im Jahr bieten verschiedene Institutionen Führungen auf den Spuren der Äskulapnatter an. Sogar einen eigenen „Schlangenpfad" gibt es, dessen Schautafeln über die Gefährdung des Reptils und mögliche Schutzmaßnahmen informieren.

- 〉 **Staatsbad Schlangenbad,** Rheingauer Str. 18, 65388 Schlangenbad, Tel. 06129 4850, www.schlangenbad.de

### EXTRATIPP: Baden in Schlangenbad

Badefreunde kommen in Schlangenbad sowohl im Sommer wie auch im Winter auf ihre Kosten. Ganzjährig lockt die **Aeskulap Therme** mit 31 Grad warmem Wasser.

Von Mai bis September ist zudem das am Waldrand gelegene **Thermalfreibad** mit seiner großen, baumbestandenen Liegewiese eine Alternative. Zum Wohl der Badegäste wird hier das Schwimmbecken abends täglich geleert und dann mit 27 Grad warmem Wasser neu befüllt. Ein Service, den man sonst wohl suchen muss!

- 🅢 112 **Aeskulap Therme,** Rheingauer Str. 18, Mo., Mi., Fr. 11–21, Di. und Do. 11–18, Sa.–So. 9–21 Uhr, 6 €
- 🅢 113 **Thermalfreibad Schlangenbad,** Nassauer Allee 1, Mai–September, tgl. gewöhnlich 10–19 Uhr, 6 €

# Praktische Reisetipps

# An- und Rückreise

Wiesbaden ist aus allen Richtungen gut zu erreichen: per Schiene und Straße – oder mit dem Flugzeug. Innerhalb der Stadt und auch in die Vororte verkehren öffentliche Verkehrsmittel. Deshalb kommen Wiesbaden-Reisende, die nur die Stadt besuchen wollen, auch ohne eigenes Auto gut zurecht. Wer allerdings auch die Umgebung erkunden will und einen Abstecher in den Rheingau oder einen der Kurorte im Taunus plant, kann ein eigenes Fahrzeug gut gebrauchen.

## Mit dem Auto

Die Anreise erfolgt in der Regel über die **Autobahnen**, die aus allen Richtungen bis an den **südlichen Rand der Innenstadt** führen. Seit Februar 2013 vereint Wiesbaden und Mainz eine gemeinsame **Umweltzone**. So dürfen nur noch Fahrzeuge mit der grünen Abgasplakette (EU-Norm 4) in die beiden Städte. Sie muss für jeden sichtbar an der Windschutzscheibe kleben. Ein **Hotelleitsystem** in den Farben Gelb, Rot und Blau führt den Besucher meist zielsicher mithilfe von Schildern zu seiner Unterkunft.

Aktuelle **Staus** in der Region meldet die Website des Hessischen Rundfunks: www.hr-online.de („Nachrichten/Verkehrsinfos/Stau-Info").

◁ *Vorseite: Auf dem Giebel des Hessischen Staatstheaters* ⓬ *bläst die Muse dem Volk den Marsch*

## Mit dem Zug

Eine bequeme und unter Umständen auch preisgünstige Alternative zum Auto ist die Anreise per Bahn. So gibt es nach Wiesbaden einige wenige **Direktverbindungen**. Alle anderen Ziele sind **über Mainz oder Frankfurt** zu erreichen. Von dort verkehren mehrmals stündlich S-Bahnen nach Wiesbaden. Aus Hamburg oder Berlin braucht man keine fünf Stunden bis in die hessische Landeshauptstadt, gut vier Stunden währt die Fahrt von München. Die Anreise mit dem Flugzeug rechnet sich gegenüber dem Zug in Deutschland nur selten. Über die besten Verbindungen informieren die Websites der Bahn-Unternehmen:
› www.bahn.de
› www.sbb.ch
› www.oebb.at

## Mit dem Bus

Für Reisende mit viel Zeit und alle Sparfüchse kommt auch der Bus zur An- und Abreise in Frage. So fahren nach der Liberalisierung des Busverkehrs inzwischen auch **private Linienbusse** Hessens Hauptstadt an. Noch besser ist man **über Mainz oder Frankfurt** an das private Busnetz angebunden. Eine einfache Fahrt von Wiesbaden nach Berlin oder München kostet im besten Fall zwischen 20 und 30 Euro.
› www.busliniensuche.de
› www.fahrtenfuchs.de
› www.klickbus.de

## Mit dem Flugzeug

Der nächstgelegene Großflughafen ist der internationale **Flughafen Frankfurt**, der täglich von allen großen Städten in Deutschland, der

## Praktische Reisetipps
### Autofahren

Schweiz und Österreich angeflogen wird. Die **Weiterreise** von dort ist problemlos. Im Tiefgeschoss des Frankfurter Terminals 1 findet sich ein S-Bahnhof, von dem mehrmals stündlich Züge nach Wiesbaden verkehren. Die Fahrzeit mit der S-Bahn (S8 und S9) nach Wiesbaden beträgt eine knappe Stunde. Eine gute halbe Stunde brauchen die ICE-Züge vom Flughafen-Fernbahnhof. Über die genauen Fahrzeiten informieren:
› www.bahn.de
› www.rmv.de

## Autofahren

Wiesbaden macht es Autofahrern nicht leicht. Viele Einbahnstraßen stellen Frauen und Männern hinter dem Steuer gelegentlich auf eine harte Geduldsprobe. Statt lange nach einem freien Parkplatz an der Straße zu suchen, steuert man deshalb am besten gleich gezielt ein Parkhaus an. Außerdem sollte sich jeder Autofahrer an die Geschwindigkeitsbegrenzungen halten, da entlang der Straßen in und um Wiesbaden viele feste Radarsäulen installiert sind.

### Parken

Kostenlose Parkplätze gibt es im Stadtzentrum nur wenig. An einigen Ausfallstraßen wie am Moltkering [eh/i] oder am Stadion [ei] gibt es **Park-and-Ride-Plätze**, von denen man mit dem Bus in die Stadt kommt. Am besten parkt man aber in einem der mehr als ein Dutzend **Parkhäuser**, von denen die meisten rund um die Uhr offen sind. Ein **Parkleitsystem** (www.wiesbaden.de/leben-in-wiesba

**EXTRAINFO** **Allgemeiner Pannennotruf**
› **ACE:** Tel. 0180 2343536
› **ADAC:** Tel. 01802 222222
› **AvD:** Tel. 0800 9909909

*Alle Zugreisen, auch die mit der S-Bahn, enden gewöhnlich im Wiesbadener Hauptbahnhof* ❷❸

den/verkehr/verkehrsinfos/parken.php) informiert über die aktuelle Auslastung der Parkhäuser und Tiefgaragen. Zentrale Parkhäuser sind:
- 🚗114 [F2] **Kurhaus/Kasino**, Wilhelmstraße 49 oder Sonnenberger Straße 1
- 🚗115 [D4] **Markt**, Schillerplatz 2

## Mietwagen

Alle großen **Mietwagenfirmen** haben im Großraum Wiesbaden Verleihstationen. Alternative ist das **Car Sharing** – etwa mit einem Mobilitäts-Pass der Firma book-n-drive (www.book-n-drive.de). Auch die Bahn-Tochter „Flinkster – Mein Carsharing" (www.flinkster.de) hält in Wiesbaden Autos vor. Einen Mietwagen bucht man am besten schon von zu Hause aus, entweder direkt beim Verleiher oder über einen der Internet-Vermittler.

## Barrierefreies Reisen

Die **An- und Abreise** stellt für Menschen mit einer Behinderung kein Problem dar. So gibt es nicht nur zahlreiche Behindertenparkplätze, sondern am Bahnhof auch einen Service, der nach Voranmeldung (Tel. 018058 512512) allen Betroffenen beim Ein- und Ausstieg hilft. Auch die **Stadtbusse** sind so gut wie alle rollstuhltauglich. Wichtige Verkehrsampeln sind zudem mit **akustischen Signalanlagen** ausgestattet, die Sehbehinderten das Überqueren der Straßen erleichtern.

„Wo ist Wiesbaden barrierefrei?", heißt eine eigene **Website der Stadt** (www.wiesbaden-barrierefrei.de). Sie informiert unter anderem über Behindertenparkplätze, barrierefreie Toilettenanlagen, Restaurants und Hotels. So gibt es etwa in der Wilhelmstraße ⓯ vor dem Staatstheater ⓬ eine rollstuhltaugliche öffentliche Toilette.

Auch **Museen** und **öffentliche Einrichtungen** haben sich auf Menschen mit Handicap eingestellt. So bietet der Landtag ❹ spezielle Führungen für Blinde und Sehbehinderte und in der Fasanerie ㉞ gibt es für Rollstuhlfahrer sogar eine spezielle Schaukel, die man im Rollstuhl nutzen kann. In der **Caligari FilmBühne** (s. S. 27), ebenfalls barrierefrei eingerichtet, gibt es einmal monatlich sogenannte „Hörfilme" für Sehbehinderte.

## Diplomatische Vertretungen

› **Österreichische Botschaft**, Stauffenbergstr. 1, 10785 Berlin, Tel. 030 202870, Bereitschaftsdienst: Tel. 0172 9844066, www.bmeia.gv.at/botschaft/berlin.html
› **Schweizerische Botschaft**, Otto-von-Bismarck-Allee 4A, 10557 Berlin, Tel. 030 3904000, www.eda.admin.ch/berlin

## Geldfragen

Trotz seiner vielen exquisiten und teuren Läden ist ein Besuch in Wiesbaden **nicht kostspieliger als in vergleichbaren Großstädten**. Richtig ins Geld geht nur der Besuch exklusiver Boutiquen, Schmuck- und Designerläden sowie sternegekrönter Restaurants im Kurviertel. Richtig preiswert dagegen ist es im Westend ㉗ mit seinen Dönerläden und Ein-Euro-Shops. Alles in allem sollte man bei Übernachtung in der Innenstadt und ein paar Museums- oder Theaterbesuchen mit 120 bis 150 Euro täglich gut auskommen.

# Informationsquellen

## Infostellen in der Stadt

❶ 116 [E3] **Wiesbaden Tourist-Information,** Marktplatz 1, 65183 Wiesbaden, Tel. 0611 1729930, www.wiesbaden.de, Mo.–Fr. 10–18, Sa. 10–15 Uhr, April–Sept. auch So. 11–15 Uhr
› **Info-Point im Wiesbadener Hauptbahnhof** ㉓, Tel. 0611 45022408, Mo.–Fr. 6–20, Sa. 10–17.30 Uhr

## Veranstaltungs- und Kartenservice

● 117 [C4] **Tickets für Rhein-Main,** in der Galeria Kaufhof, Kirchgasse 28, Tel. 0611 304808, www.tickets-fuer-rhein-main.de, Mo.–Fr. 9.30–18.30, Sa. 9.30–16 Uhr

## Wiesbaden im Internet

› **www.wiesbaden.de:** Die offizielle Internetseite der Stadt mit auch touristisch relevanten Informationen. Beachtenswert sind die vielen Seiten zur Stadtgeschichte.
› **www.sensor-wiesbaden.de:** elektronische Ausgabe des monatlich erscheinenden Wiesbadener Stadtmagazins „Sensor"
› **www.regioausflug.de:** einfach zu handhabender Planer für Wanderungen in und um die Stadt
› **www.wiesbadener-kurier.de/freizeit:** Freizeittipps einer Wiesbadener Tageszeitung
› **www.wiesbaden.de/microsite/stadtlexikon:** Für historisch Interessierte hat die Stadt Wiesbaden ein eigenes Onlinelexikon ins Netz gestellt, das die Geschichte der Stadt und ihrer Menschen dokumentieren soll. Ein Teil dieser historischen Fundgrube ist bereits jetzt zugänglich.

## Wiesbaden preiswert

› *Viel Geld lässt sich mit der **Wiesbaden Tourist Card** sparen. Sie **ist 48 Stunden gültig** und bietet freie Fahrt in allen öffentlichen Verkehrsmitteln in Wiesbaden und Mainz und zum Frankfurter Flughafen, außerdem ermäßigten Eintritt in verschiedene Museen, Schwimmbäder und andere Sport- oder Freizeiteinrichtungen. Zudem gibt es Rabatte auf Stadtrundgänge und Schiffsfahrten. Sie kostet als Einzelkarte 12,50 €, als Gruppenkarte für bis zu 5 Personen 23,50 €. Erhältlich ist die Karte bei der Tourist-Information (s. S. 119), aber auch online.*
› ***Fürstlich speisen zu Extrapreisen** lässt es sich fast jeden Werktag, wenn einige der besseren Restaurants einen preiswerten Business-Lunch anbieten – etwa das Maloiseau (s. S. 22) oder das Martino (s. S. 22), deren Mittagstische täglich wechseln. Preiswerte gastronomische Angebote finden sich auch täglich unter: www.stuz.de/gastrokalender.*

## Wiesbaden-Apps

› **Wiesbaden +:** Wiesbaden Marketing bietet mit dieser App u. a. Informationen zu allen kulturellen und touristischen Angeboten der Stadt, einen Überblick über Parkmöglichkeiten und deren aktueller Auslastung sowie Tipps zu Hotels und Gastronomie (kostenlos für iOS und Android).
› **Kulturpfad:** Die App gibt Informationen zu mehr als 30 Wiesbadener Kultureinrichtungen und informiert über die Wege dorthin (kostenlos für iOS und Android).

## Meine Literaturtipps

› Fjodor M. Dostojewskij, **Der Spieler**, Frankfurt 2005. In einem seiner wichtigsten Werke verarbeitet Dostojewskij seine Zeit in Wiesbaden, wo er im Kasino ein Vermögen verspielte. Ein Leben zwischen Eros und Machtgier, bei dem zuletzt die Spielsucht siegt.
› Manfred Gerber, **Das Kurhaus Wiesbaden**, Bonn 2007. Der von der Stiftung Denkmalschutz zum 100. Geburtstag des Kurhauses herausgegebene Prachtband erzählt die Geschichte eines der Wahrzeichen Wiesbadens – spannend und hintergründig sowie mit einmaligen Fotos.
› Britta R. Krebs, **Tod am Turm**, Nidderau 2011. Spannender Wiesbaden-Krimi um einen Weihnachtsmann, der an der Marktkirche tot aufgefunden wird.
› Karsten Eichner und Eva Wodarz-Eichner, **Die großen Wiesbadener: Bürger, Badegäste und Berühmtheiten**, Frankfurt 2010. Mehr als drei Dutzend Porträts von Frauen und Männern, die Geschichte schrieben – von Goethe bis Kaiser Wilhelm. Stadthistorie ganz persönlich!
› Lothar Schöne, **Diva und Domsgickel. Mainz und Wiesbaden – Rivalen am Rhein**, Bodenheim 2011. Interessantes Essay über die beiden Städte. Der Autor hat für jede der beiden Landeshauptstädte Sympathien und Antipathien. Da kommt man rechts und links des Rheins auf seine Lesekosten!
› Lothar Schöne, **Tote sterben gesünder**, Neu-Bamberg 2013. Hintersinniger Kriminalroman mit viel Witz und Lokalkolorit. Ein Kommissar-Duo ermittelt in zwei scheinbar voneinander unabhängigen Mordfällen, die aber doch im Zusammenhang stehen.

› **Wiesbaden:** Das mehrmals jährlich erscheinende „Wiesbaden Magazin", eine informative Stadtillustrierte, ist auch als kostenlose App für iPad erhältlich.
› **WI Shopping:** Die App informiert über die Einkaufsmöglichkeiten in der Stadt, zeigt, wo sich die Geschäfte befinden und wo man beim Einkauf am besten parkt (kostenlos für iOS und Android).
› **Meine ESWE:** Infos zum Betriebsablauf im öffentlichen Nahverkehr, zu geplanten oder ungeplanten Störungen. Allerdings ohne die Möglichkeit, Fahrten zu planen (kostenlos für iOS und Android).
› **RMV Rhein-Main-Verkehrsverbund:** Die App enthält eine Fahrplanauskunft und hilft bei der Routenplanung. Zudem kann man sein Ticket per Handy kaufen (kostenlos für iOS und Android).

## Publikationen und Medien

In Wiesbaden gibt es zwei **Tageszeitungen**, die allerdings aus einem Verlag kommen. Älteste und auflagenstärkste ist der Wiesbadener Kurier, die zweite das Wiesbadener Tagblatt. Außerdem gibt es einige regelmäßig erscheinende kostenlose **Stadtteil- und Anzeigenblätter**. Lokale **Hörfunkinformationen** liefert hr4.

Lilium (www.wiesbaden.de/lilium) heißt ein **Videomagazin**, das man im Internet findet.

# Internet und Internetcafés

Ein halbes Dutzend Netzbetreiber operieren in Wiesbaden, dessen Innenstadt netztechnisch bestens abgedeckt ist. So gut wie alle **Hotels** und viele **Restaurants** und **Bistros** bieten ihren Kunden einen oft kostenlosen Internetzugang.

### Internetcafés

@118 [dk] **Bolat Erdogan**, Rathausstr. 20, Biebrich, Tel. 0611 71029126, Mo.-Fr. 10-22, Sa.-So. 14-22 Uhr
@119 [di] **Internet Cafe Kiosk**, Schiersteiner Str. 84, Tel. 0611 1371203, Mo.-Fr. 9-24, Sa. 10-24, So. 12-24 Uhr

# Medizinische Versorgung

Wiesbaden gehört mit seinen zahlreichen Fachkliniken und Apotheken zu den medizinisch am besten versorgten deutschen Städten. 24 Stunden geöffnet sind:

✚120 [bi] **Dr.-Horst-Schmidt-Kliniken**, Ludwig-Erhard-Str. 100, Tel. 0611 432020 (Notaufnahme), www.hsk-wiesbaden.de
✚121 [G5] **St. Josefs Hospital Wiesbaden**, Beethovenstr. 20, Tel. 0611 1771480 (Notaufnahme), www.joho.de
› **Zahnärztlicher Notdienst**: Tel. 01805 607011
✚122 [D3] **Hirsch-Apotheke**, Marktstr. 29, Tel. 0611 302648, www.hirsch-apo-wi.de, Mo.-Fr. 8-18.30, Sa. 8.30-16 Uhr
› **Diensthabende Apotheke**: Tel. 0800 0022833 oder www.aponet.de

# Mit Kindern unterwegs

Vorbildlich sind die kindgerechten Angebote des **Museums Wiesbaden** ㉑. Sie reichen von Führungen für die Jüngsten bis zu Workshops, in denen der Nachwuchs an künstlerisches Arbeiten herangeführt wird. Über eine eigene Kinderabteilung verfügt die **Mauritius-Mediathek**, die für die kleinen Leseratten hin und wieder Lesungen anbietet. Auch viele **Restaurants** sind auf Kinderbesuch eingestellt – etwa **Brauns Restaurant** (s. S. 62) mit seiner eigenen Kinderspeisenkarte, deren Rückseite zum Ausmalen ist. Die nötigen Buntstifte liefert der Service.

Junge **Schlittschuhläufer** und **Kletterer** kommen in Wiesbaden ebenso auf ihre Kosten wie alle, die sich einfach nur auf einem der **150 Spielplätze** (Infos: www.wiesbaden.de/spielplaetze) inner- und außerhalb der Stadt austoben wollen. Besonders große Plätze finden sich in der Adolfsallee [D5/6], am Wallufer Platz [A6] oder neben dem Jagdschloss Platte ㉟. An schönen Tagen locken auch offiziell ausgeschilderte **Walderlebnispfade**. Eine gute Adresse nicht nur für kalte und verregnete Nachmittage ist zudem das Figurentheater „Marlionetta" (s. S. 26).

⑤123 [ci] **Henkell-Kunsteisbahn**, Hollerbornstr. 38, Tel. 0611 312457, Ende Okt.-Anfang März, wechselnde Laufzeiten, Eintritt 3 €, Kinder und Jugendliche 1,50 €. Große Eisbahn, die im Sommer freitags und samstags von 14 bis 19 Uhr Skatern zur Verfügung steht. Schlittschuhe können geliehen werden. Gelegentlich freitags Eisdisco!
⑤124 [dg] **Kletterwald Neroberg**, Tel. 0611 5325157, www.kletterwald-neroberg.de. Öffnungszeiten je nach Ferien- und Wetterlage. Preise: 7-19 €

# Notfälle

## Notrufnummern

› **Polizei und Notruf:** Tel. 110
› **Feuerwehr und Rettungsdienst:** Tel. 112
› **Telefonseelsorge:** Tel. 0800 1110111
› **Giftnotruf (Hotline):** Tel. 06131 19240

## Fundbüro

● **128** [di] **Fundbüro der Stadt Wiesbaden,** George-Marshall-Str. 4, Tel. 0611 312120, Mo., Mi., Fr. 8–12, Mi. 14–18 Uhr
› **Fundbüro der Verkehrsbetriebe im Rhein-Main-Gebiet:** Tel. 01801 7684636

für drei Stunden inkl. Kletterausrüstung. Jeden Do. Familientag: 47 € (für 2 Erwachsene und 2 Kinder).

**125** [cg] **Luft- und Sonnenbad „Unter den Eichen",** Platter Str. 200, Tel. 0611 318079, April–September 11–20 Uhr, Juni–Aug. schon ab 9 Uhr, 2 €. Riesige Freifläche zum Erholen und Spielen, Planschbecken für die Kleinen und Spielplatz. Bei schlechtem Wetter geschlossen!

● **126** [C3] **Mauritius-Mediathek (Stadtbibliothek),** Hochstättenstr. 6–10, Di.–Fr. 10–18, Sa. 10–14 Uhr

**33** [bi] **Schloss Freudenberg.** Hier kann man seine Sinne testen. Ein Paradies für jüngere und ältere Kinder – vor allem an Regentagen.

● **127 Taunus Wunderland,** Haus Zur Schanze 1, Schlangenbad, Tel. 06124 4081, www.taunuswunderland.de, Mitte April bis Anfang November, 17 € (Kinder zahlen nach Größe). Abenteuerpark im Taunus mit verschiedenen Fahrgeschäften und anderen Attraktionen für Alt und Jung.

**34** [bg] **Tier- und Pflanzenpark Fasanerie.** Großer Tierpark mit Spielgelände.

## Kartenverlust

Bei Verlust der Maestro-(EC-) oder der Kreditkarte gibt es für Kartensperrungen eine **deutsche Zentralnummer** (unbedingt vor der Reise klären, ob die eigene Bank diesem Notrufsystem angeschlossen ist).

In **Österreich** und der **Schweiz** gibt es keine zentrale Sperrnummer, daher sollten sich Besitzer von in diesen Ländern ausgestellten Maestro-(EC-) oder Kreditkarten vor der Abreise bei ihrem Kreditinstitut über den zuständigen Sperrnotruf informieren.

Generell sollte man sich immer die **wichtigsten Daten** wie Kartennummer und Ausstellungsdatum separat notieren, diese unter Umständen abgefragt werden.

› **Deutscher Sperrnotruf:** Tel. 116116
› **Weitere Infos:** www.kartensicherheit.de, www.sperr-notruf.de

*Im Klettergarten auf dem Neroberg fühlen sich nicht nur die Jüngsten wohl*

## Post

✉ **129** [D7] **Poststelle Kaiser-Friedrich-Ring,** Kaiser-Friedrich-Ring 98, Mo.–Fr. 8–18, Sa. 8–12.30 Uhr

## Radfahren

Mehr als 70 Kilometer umfasst das **Wiesbadener Radwegenetz.** Gerade in der geschäftigen Innenstadt ist es aber noch sehr „löchrig". **Rund um die Stadt** laden 200 Kilometer an Wirtschafts- und Waldwegen ebenfalls alle Pedal-Ritter ein. Allerdings sind die Strecken nicht immer flach. Vor allem Richtung Taunus werden kräftige Waden und viel Puste verlangt. Da tut ein Elektromotor gut!

Zurzeit entwickelt die Stadt ein **Fahrrad-Verleihsystem** und die **Bahn** bietet seit Kurzem auch in Wiesbaden Leihfahrräder an, die man nach einmaliger Registrierung ausleihen kann (www.callabike-interaktiv.de).

Bei der **Tourenplanung** hilft eine Radverkehrskarte (4,50 €), die im städtischen Umweltladen zu haben ist. Übrigens: Fahrräder können in S-Bahnen, Bussen und Straßenbahnen kostenlos mitgenommen werden, allerdings haben Reisende mit Kinderwagen oder Rollstuhlfahrer Vorrang. Eine Beförderungspflicht besteht nicht!

› **Weitere Infos:** www.wiesbaden.de/sport/fitness/radtouren

● **130** [D4] **Städtischer Umweltladen,** Luisenstr. 19, Tel. 0611 313600, Mo.–Fr. 10–18, Sa. 10–14 Uhr

### Fahrradverleih

● **131** [E7] **der Radler,** Fahrradstation am Gleis 11, Hauptbahnhof Wiesbaden, Tel. 0611 98819555, www.bauhauswerkstaetten.de, Mo.–Fr. 8–18, Mai–September auch Sa. 9–13 Uhr. Fahrradwerkstatt des Bauhauses mit Ausleihe. Sportliche und komfortable Modelle, auch Kinderräder.

● **132** [D2] **movelo-FLYER-Store,** Obere Webergasse 44–46, Tel. 0611 700499, www.movelo.com, Mai–Okt. Mo.–Fr. 7–13 und 15–19, Sa. 10–15 Uhr. Ausleihstation für die Schweizer Elektro-Markenräder, Tagesmiete 20 €. Gelegentlich organisiert der Verleiher auch geführte Touren auf Leihfahrrädern durch Wiesbadens Umgebung.

△ *Fahrradverleih im Wiesbadener Hauptbahnhof*

## Schwule und Lesben

Auch wenn Wiesbaden mit Sven Gerich einen schwulen Oberbürgermeister hat, ist die Schwulen- und Lesbenszene in den letzten Jahren nicht größer geworden. Viele fahren zum Ausgehen nach Frankfurt. Die **Caligari FilmBühne** (s. S. 27) zeigt aber jährlich im Januar unter dem Titel „**Homonale**" schwul-lesbische Filme (www.come-out.de). Der Verein **Warmes Wiesbaden** (www.warmeswiesbaden.blogsport.de) organisiert gewöhnlich jeden zweiten Dienstagabend im Monat einen Stammtisch im Café Klatsch. Betont politisch gibt sich der 1978 gegründete schwullesbische Verein **Rosa Lüste** (www.rosalueste.de), der zahlreiche Veranstaltungen organisiert. Beliebte Treffpunkte sind:

- **133** [A5] **Café Klatsch**, Marcobrunnerstr. 9, Tel. 0611 440266, www.cafeklatschwiesbaden.de, Mo. 20–1, Di.–Fr. 12–1, Sa.–So. 10–1 Uhr
- **134** [D2] **Robin Hood**, Häfnergasse 3, Tel. 0611 301349, www.robin-wi.de, tgl. ab 15 Uhr. Das Bistro-Café im Herzen der Stadt ist eine Raucherkneipe und sorgt mit Suppen und Snacks auch gegen den kleinen Hunger vor.
- **135** [D2] **Trend**, Am Römertor 7, Tel. 0611 373040, www.trend-wi.de, tgl. ab 19 Uhr. Bistro-Bar für Schwule und Lesben, in der Raucher und Nichtraucher willkommen sind.

## Sicherheit

Für den Reisenden ist Wiesbaden **genauso sicher wie vergleichbare Großstädte**. So ging die Zahl der Autoaufbrüche in den letzten Jahren ebenso zurück wie die Straßenkriminalität. Zugenommen haben nur die Rauschgiftdelikte. Nachts sollte man allerdings Parkanlagen ebenso meiden wie schlecht oder gar nicht beleuchtete Regionen. An einigen Plätzen wie etwa auf allen Kinderspielplätzen ist der Genuss von Alkohol verboten. Zuständig für die Innenstadt ist:

- **136** [B4] **1. Polizeirevier Wiesbaden**, Bertramstr. 3, Wiesbaden, Tel. 0611 3452140

## Stadttouren

Das Angebot an organisierten Touren ist groß. Öffentliche, **ca. 90-minütige Stadtführungen** offeriert die Wiesbaden Marketing GmbH samstags um 10.30 Uhr (Februar–November). Von Mai bis Oktober gibt es zusätzliche Samstags-Touren um 14.30 Uhr (Kosten: 8,50 €, Kinder bis 12 Jahre 4,80 €). **Spezialisierter** sind die Führungen durchs Kurhaus, in die „Bade- und Luxusstadt des 19. Jahrhunderts" oder Stippvisiten auf dem Sternschnuppenmarkt. Hin und wieder gibt es **Kostümführungen**, bei denen Stadtführer und -führerinnen in die Rollen berühmter und weniger berühmter Originale schlüpfen, und auch **Dialekt-Führungen** sind im Angebot. „Von unseren guten Stöffchen" heißt eine Führung, bei der es neben Wasser aus dem Kochbrunnen, Wiesbadener Sekt und Apfelwein auch den Neroberger, den auf dem Neroberg wachsenden Riesling, zu kosten gibt. Über **Termine und Preise** der einzelnen Spezial- und Themenführungen informiert die Tourist-Information (s. S. 119) oder die Website www.wiesbaden.de (Menü: „Tourismus/Themen & Touren/Stadtführungen und Rundfahrten").

Von März bis Dezember verkehrt die sogannte **THermine** – ein Stadtbähnchen auf Rädern, das in einer knappen Stunde die wichtigsten Sehenswürdigkeiten Wiesbadens ansteuert. Start und Ziel ist gegenüber der Tourist-Information.

**Geographie für Alle** (www.geographie-fuer-alle.de) bietet Touren über die Wilhelmstraße oder über die Friedhöfe der Stadt. Noch mehr Führungen hat **KulTour & Mehr** (www.kultour-und-mehr.de) im Angebot, die unter anderem zu den schönsten Villen der Stadt oder durch das abendliche Wiesbaden führen.

# Unterkunft

Knapp 80 Hotelbetriebe finden sich in und um Wiesbaden. Die meisten Hotelzimmer nutzen Geschäftsleute, denn ein Großteil aller Übernachtungen in Wiesbaden entfällt auf **Business-Reisende**. Es lohnt sich deshalb, vor allem am Wochenende in den großen Hotels nach dann **oft preiswerteren Zimmern** zu fragen. Die Wiesbaden Marketing GmbH unterhält unter www.wiesbaden.de/tourismus/unterkuenfte/index.php ein stets aktualisiertes **Hotelverzeichnis**, das die Qual der Wahl bei der Zimmersuche erleichtert und freie Zimmer anzeigt. Maßgeschneiderte Pauschalangebote gibt es zudem telefonisch unter Tel. 0611 172977. **Private Zimmer** vermittelt die Agentur bed & breakfast.

› **bed & breakfast,** Tel. 06131 218496, www.bed-and-breakfast.de

△ *THermine heißt das Touristikbähnchen, das von März bis Dezember verkehrt – nicht nur für Fußfaule*

### Kurkarte

**Übernachtungsgäste** erhalten eine nicht übertragbare Kurkarte, die ihnen **zahlreiche Vorteile** bringt – etwa Rabatte bei der Fahrt mit dem Touristikbähnchen THermine, der Nerobergbahn, den ab Biebrich verkehrenden Schiffen der Primus-Linie und der Köln-Düsseldorfer Rheinschiffe. Zum Besuch des Schlosses Freudenberg, des Museums Wiesbaden und des Hessischen Staatstheaters gibt es ermäßigte Eintrittskarten – ebenso für die Kaiser-Friedrich-Therme, das Thermalbad Aukammtal und das Opelbad auf dem Neroberg.

Die **Kurtaxe** beträgt 3 € pro Tag. Sie gilt nicht für Personen, die sich nur beruflich in Wiesbaden aufhalten oder dort an Tagungen, Lehrgängen, Kursen oder Messen teilnehmen. Auch wer in privaten Haushalten unterkommt, zahlt keine Kurtaxe – ebenso Kranke und Schüler auf Klassenfahrten.

# Praktische Reisetipps
## Unterkunft

> **Preiskategorien**
> Preiskategorien für Doppelzimmer ohne Frühstück
> € bis 80 €
> €€ 80–150 €
> €€€ ab 150 €

## Unterkunftsempfehlungen

**137** [C5] **Alexander** €€, Rheinstr. 72, Tel. 0611 992850, www.hotel-alexander.de. Einfaches Dreisternehaus mit individuell eingerichteten Zimmern. Viele Business-Stammgäste, frisch gepresster Orangensaft zum Frühstück.

**138 Courtyard by Marriott Wiesbaden** €, Ostring 9, www.marriott.de, Tel. 06122 8010. Preisgünstiges Hotel im Stadtteil Nordenstadt mit 139 Zimmern. Kostenloses Parken und WLAN, Restaurant und Lobby-Bar.

**139** [D4] **Crown Plaza Hotel** €–€€, Bahnhofstr. 10–12, Tel. 0611 1620, www.crownplaza.com. Relativ ruhig und zentral gelegenes Haus mit Tiefgarage, Schwimmbad und Sauna. 235 Zimmer mit kostenlosem WLAN.

**140** [E6] **Dorint Pallas** €€, Auguste-Viktoria-Str. 15, Tel. 0611 33060, http://hotel-wiesbaden.dorint.com. Ehemaliges Offiziershotel der US-Luftwaffe, in dem US-Präsident J.F. Kennedy 1963 residierte. Großer Wellnessbereich mit Sauna, Dampfbad und Whirlpool, Bar und Restaurant.

**37** [Umgebung] **Gästehaus Domäne Mechthildshausen** €€, Tel. 0611 7374660, www.domaene-mechthildshausen.de. 8 Einzel- und 7 individuell gestaltete Doppelzimmer im Vorort Erbenheim auf halbem Weg zwischen Mainz und Wiesbaden. Ruhige Lage, Feinschmeckerrestaurant nebenan.

**141** [C2] **Hotel Oranien** €€, Platter Straße 2, Tel. 0611 18820, www.hotel-oranien.de. Zeitlos elegantes Hotel mit 77 Zimmern und hoteleigenem Parkplatz. Kostenloses WLAN, Restaurant im Haus, Hunde erlaubt. Spezialität sind regelmäßig wechselnde Kunstausstellungen.

**142** [dh] **Jugendherberge Wiesbaden** €, Blücherstr. 66, Tel. 0611 449081, www.djh-hessen.de. Relativ zentral gelegenes, generalsaniertes Gästehaus mit 202 Betten. Alle Zimmer mit Dusche und WC, großes Freigelände mit Fußballplatz.

## Praktische Reisetipps
### Unterkunft

🏨 **143** [D7] **Motel One** €, Kaiser-Friedrich-Ring 81, Tel. 0611 4502080, www.motel-one.com. Einfaches, modern ausgestattetes Kettenhotel direkt neben dem Bahnhof. Gutes Preis-Leistungs-Verhältnis, kostenloses WLAN.

🏨 **144** [E2] **Nassauer Hof** €€€, Kaiser-Friedrich-Platz 3–4, Tel. 0611 1330, www.nassauer-hof.de. Renommiertestes Hotel in Wiesbaden mit rund zweihundertjähriger Tradition. Sternerestaurant im Haus, eigene Badelandschaft.

🏨 **145** [D2] **Radisson Blu Schwarzer Bock** €€-€€€, Kranzplatz 12, Tel. 0611 1550, www.radissonblu.com/hotel-wiesbaden. Deutschlands ältestes Grandhotel verbindet zeitlose Eleganz mit moderner Technik. Eigenes Badehaus, zentrale Lage.

🏨 **146** [D2] **Town Hotel** €, Spiegelgasse 5, Tel. 0611 360160, www.townhotel.de. 24 moderne und helle Zimmer mit großen Flachbildschirmen und über 100 Satellitenprogrammen, kostenloses WLAN.

🏨 **147 Villa Rheinblick** €€, An der Klaus 6, Tel. 06134 260200, www.villa-rheinblick.de. Schönes Gästehaus mit Rheinblick im Vorort Mainz-Kastel. Auf Wunsch gibt es Frühstück ans Bett.

### Camping

⚠ **148 Campingplatz Maaraue (Internationaler Campingplatz Mainz-Wiesbaden)**, Maaraue 48, 55246 Mainz-Kostheim, Tel. 06134 2575922, www.camping-maaraue.de, April-Oktober. Großer Campingplatz auf der Maaraue in Kostheim, direkt am Rhein mit Blick auf den Mainzer Dom und die Mainzer Altstadt.

◁ *Das Traditionshotel Nassauer Hof in Frühlingskulisse*

> **EXTRAINFO**
>
> **Haustiere**
>
> Man kann sein Haustier problemlos nach Wiesbaden mitnehmen. Allerdings müssen **Hunde** in den meisten Grünanlagen und in allen Fußgängerzonen, Über- und Unterführungen **angeleint** werden. Außerdem sind Hundeführer verpflichtet, einen **Kotbeutel** mit zu führen und ihn im Fall des Falles auch zu nutzen. Einige Hotels bieten auch Hunden oder Katzen Übernachtungsmöglichkeiten. Für den Notfall gibt es eine **Tierklinik** mit Notdienst (Tel. 0611 502013). Den Diensthabenden unter Wiesbadens **Tierärzten** findet man unter: www.wiesbadener-tierärzte.de.

⚠ **149** [cj] **Reisemobilhafen Wiesbaden**, Wörther-See-Straße 29, Tel. 0172 6627012, www.reisemobilhafen-wiesbaden.de. Ganzjährig geöffneter Stellplatz mit Stromanschluss. Busverbindung in die Stadt, Stellplatz ab 9 €. Von der A643 kann der Platz am Kallebad auch ohne Umweltplakette angefahren werden.

**Rettbergsaue** heißt eine Rheininsel vor Biebrich und Schierstein, die über zwei Campingplätze für Zelter verfügt. Wer will, kann dort von Ende April bis September nächtigen. Das romantische Quartier ist allerdings nur mit einem Boot, der „Tamara", zu erreichen. Sie verkehrt vom Schiersteiner Hafen oder vom Biebricher Rheinufer aus täglich von 9 Uhr bis gegen 18 Uhr etwa alle 90 Minuten, Sa. und So. auch noch länger (Preis für Hin- und Rückfahrt: 3 €).

⚠ **150** [dk] **Campingplatz Rettbergsaue Biebrich**, Tel. 0611 24551, Mo.-Do. 9-18.45, Fr.-So. 9-19.45 Uhr

⚠ **151** [ck] **Campingplatz Rettbergsaue Schierstein**, Tel. 0611 24508, Mo.-Do. 9-18.45, Fr.-So. 9-19.45 Uhr

# Verkehrsmittel

## Busse

Wiesbaden hat ein leistungsfähiges Busnetz. Die rund 235 Fahrzeuge der **ESWE Verkehrs GmbH** bedienen 41 Linien mit einem Streckennetz von vielen Hundert Kilometern und befördern jährlich circa 50 Millionen Fahrgäste. **Umsteigeknotenpunkte** sind der **Platz der Deutschen Einheit** [C3/4], von wo auch die Busse nach Mainz fahren, die Haltestelle **Luisenplatz** ㉕ und der **Hauptbahnhof** ㉓. Die Busse verkehren vom frühen Morgen bis zum späten Abend, auf den wichtigsten Strecken meist im Zehnminutentakt. Nachts fahren die sogenannten **Nightliner-Busse** in der Woche einmal, in der Nacht zu Samstag und Sonntag dreimal pro Nacht. An manchen Festtagen gelten Sonderregelungen.

Am besten sind Touristen mit einer in Wiesbaden und Mainz gültigen **Tageskarte** bedient. Sie berechtigt zu beliebig vielen Fahrten mit beliebigem Umsteigen. Gruppen bis fünf Personen, ganz gleich ob Erwachsene oder Kinder, fahren am besten mit einer **Gruppentageskarte**.

> **EXTRAINFO**
>
> **Fahrpläne und Störungen**
> **Fahrpläne** für Busse und die Mainzer Straßenbahn finden sich unter www.eswe-verkehr.de. Telefonische Auskunft gibt es unter Tel. 01801 7684636. Die App „Meine ESWE" (kostenlos für iOS und Android) meldet jederzeit, ob es im Betriebsablauf zu geplanten oder ungeplanten Störungen kommt.

◰ *Die Stadtbusse bedienen mehr als vierzig Linien*

▷ *Das Ausflugsschiff „Tamara" verkehrt im Sommer zur Rettbergsaue, wo sich auch Campingplätze (s. S. 127) befinden*

Praktische Reisetipps **129**
Verkehrsmittel

**EXTRAINFO**

### Ski und Rodel gut

„Ski-Express" heißt an schneesicheren Wintertagen die Buslinie 30. Dann bringen die Busse Wanderer, Langläufer oder Schlittenfahrer auf die Platte, den fast 500 Meter hohen Taunusberg.

Für einfache Fahrten empfiehlt sich der **Einzelfahrschein**. Er ist für Erwachsene bzw. Kinder zwischen 6 und 14 Jahren erhältlich, wird beim Fahrtantritt erworben und bereits entwertet ausgegeben. Preiswerter sind die ausschließlich im Vorverkauf erhältlichen, aus fünf preisreduzierten Einzelfahrscheinen bestehenden Sammelkarten. Wer nur Kurzstrecken fährt, also nur bis zu drei Haltestellen (maximal 2 Kilometer) unterwegs ist, kauft ein **Kurzstreckenticket**. Wer will, kann seine Tickets im Onlineshop der ESWE Verkehrsgesellschaft (www.eswe-ticket.de) vorbestellen. Sie werden dann versandkostenfrei zugeschickt. Für Fahrten ins Wiesbadener Umland gelten die **Tarife des Rhein-Main-Verkehrsverbundes (RMV)**. Persönliche Beratung und Tickets gibt es im Mobilitätsshop des RMV im LuisenForum, Dotzheimer Str. 6–8 (Mo.–Fr. 6–20, Sa. 10–17.30 Uhr)

› **Infos:** www.eswe-verkehr.de und www.rmv.de

•**152** [C4] **Mobilitätsshop des RMV**, Dotzheimer Str. 6–8, im LuisenForum, Mo.–Fr. 6–20, Sa. 10–17.30 Uhr

## Schifffahrt

In dem am Rhein gelegenen Vorort **Biebrich** ❷ findet sich eine Anlegestelle der **Köln-Düsseldorfer Deutsche Rheinschifffahrt AG**. Von April bis Oktober halten dort die Linienschiffe auf ihren fahrplanmäßigen Touren nach Köln/Bonn oder Mainz. Außerdem gibt es die **Primus-Linie**, die im Sommer verschiedene Ziele wie Frankfurt oder Mainz ansteuert, und **Ausflugsfahrten** sowie sogenannte **After-Work-Shipping-Touren** anbietet, bei denen ein DJ nach Feierabend Musik zum Tanzen und Feiern auflegt. Die Anlegestelle befindet sich neben der der Köln-Düs-

seldorfer Rheinschifffahrt in der Rheingaustraße.
- ●153 [dk] **Köln-Düsseldorfer Deutsche Rheinschifffahrt AG,** Rheingaustr. 145, Tel. 0611 600995, www.k-d.com
- ❯ **Primus-Linie,** Tel. 0611 3606013, www.primus-linie.de

## Taxi

Größere **Taxistände** finden sich in der Innenstadt unter anderem am Kurhaus ⓫, am Hauptbahnhof ㉓ und am Marktplatz [D/E3]. **Fahrten** innerhalb der Innenstadt oder zu den Hotels am Stadtrand schlagen meist mit 10 bis 20 Euro zu Buche. Ab der fünften Person wird ein Zuschlag von 5 € erhoben. Zum **Flughafen** in Frankfurt gibt es Spezialtarife. Online-Vorbestellungen sind möglich. Mithilfe der Internetplattform **Bettertaxi** (www.bettertaxi.de) ist sogar ein **Taxisharing** möglich, was die Reisekasse weniger strapaziert.
- ❯ **Wiesbadener Taxizentrale,** Tel. 0611 333333, www.taxiwiesbaden.de
- ❯ **Funk-Taxi-Dienst,** Tel. 0611 444444, www.taxi-444444.de
- ❯ **Lilien-Taxi Wiesbaden,** Tel. 0611 99999, www.taxi-wiesbaden.de
- ❯ **Taxi Braun,** Tel. 0611 928928, www.taxi-braun.net (Flughafentransfer ab 38 Euro)

# Wetter und Reisezeit

Wiesbaden ist das ganze Jahr einen Besuch wert. Besonders schön ist es im **Sommer** und **Herbst**, aber auch in der **Zeit vor Weihnachten**, wenn der Sternschnuppenmarkt lockt und die Innenstadt sich in ein Lichtermeer verwandelt. Da Wiesbaden an den Taunus grenzt und sich die Regenwolken aus dem Westen dort hin und wieder festkrallen, muss man immer auch mit **Regen** rechnen. Im Winter sinken die **Temperaturen** nur bei stabilen Hochdrucklagen langfristig unter die Null-Grad-Grenze. Im Sommer muss man dagegen wegen der Kessellage der Stadt oft mit schwüler Hitze rechnen. Außer während **großer Kongresse** oder bei **Großveranstaltungen** ist die Stadt nie überlaufen. Touristen kommen deshalb fast immer auf ihre Kosten und da Kunst und Kultur das ganze Jahr über im Angebot sind, wird in Wiesbaden kaum Langeweile aufkommen.

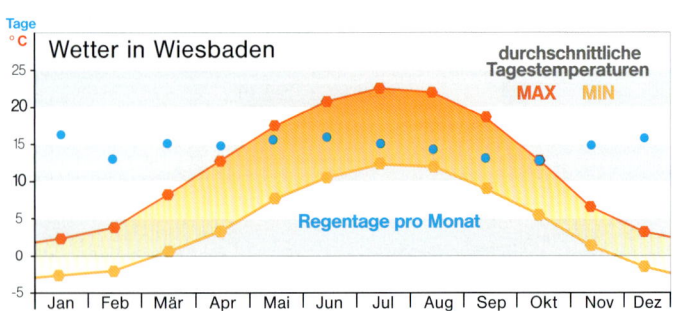

# Anhang

# Register

## A

Aeskulap Therme 114
Aktives Museum Spiegelgasse
    für Deutsch-Jüdische Geschichte
    in Wiesbaden 30
Altes Rathaus 51
Altstadt 50
Amerikaner 41
An- und Rückreise 116
Apfelwein 19
Apfelweinstuben 24
Apotheken 121
Apothekergarten 33
Äppelblütefest 36
Apps 119
Arzt 121
Ausgehen 25
Autofahren 117
Automatenspiel 69

## B, C

Bäckerbrunnen 60
Badeempfehlung 63
Barrierefreies Reisen 118
Bars 28
Bembel 25
Benutzungshinweise 5
Bergkirchenviertel 78
Biebrich 96
Biebricher Allee 94
Biebricher Schloss 98
Biergärten 24
Bingen, Hildegard von 94
Bistros 28
Blütezeit 56
Bonifatiuskirche 92
Botschaft 118
Bowling Green 68
Buchhandlungen 17
Buddenbrooks 78
Bummeln 12
Burg Sonnenberg 106
Busse 128
Cafés 25
Camping 127

## D

Dern'sches Gelände 60
Deutsches Filmhaus 27, 85
Dichterviertel 92
Die Rue 75
Diplomatische Vertretungen 118
Discos 28
Domäne Mechtildshausen 107
Dostojewski, Fjodor 70, 74

## E

EC-Karte 122
Einkaufen 16
Einkaufszentren 17
Einwohner 43
Eisbahn 121
Ekko und der Drache 43
Entspannen 32
Erbprinzenpalast 76
Erholungsparcours 82
Europa auf dem Stier 90
European Youth Circus 36

## F

Fahrkarten 128
Fahrpläne 128
Fahrradverleih 123
Fasanerie 104, 122
Fastnacht 36
Fernsehkrimi-Festival 36
Feuerwehr 122
Filmtheater 27
frauen museum wiesbaden 30, 95
Frauenstein 102
Fundbüro 122

## G

Gastronomie 20
Geldfragen 118
goEast – Festival des Mittel-
    und Osteuropäischen Films 35
Goethe,
    Johann Wolfgang von 47, 66, 86
Graffiti 102
Großes Spiel 69
Grüne Soße 21
Gutenberg-Museum 109

## H

Harlekinäum 30
Harlekin's Klooseum 30
Hauptbahnhof 91
Heidenmauer 61
Heilquellen 45
Henkell & Co Sektkellerei 97
Henkell-Kunsteisbahn 121
Hessischer Landtag 52
Hessisches Staatstheater 70
Hessische Staatskanzlei 64
Hochheim am Main 112
Hochheimer Muttergottes 113
Hochkreisel 102
Hoffmann, Philipp 84
Homosexuelle 124
Hotels 126

## I

Imbisse 23
Industriepark Kalle-Albert 96
Informationsquellen 119
Internationale Maifestspiele 72
Internationales Wiesbadener
    PfingstTurnier 36
Internet 121
Internetcafés 121
Internetseiten 119

## J

Jagdschloss Platte 105
Jawlensky,
    Alexey von 90
Jazz 28
Jugendherbergen 126

## K

Kabakov, Ilya 89
Kaiser-Friedrich-Therme 62
Kaiser Wilhelm 56
Kartenservice 119
Kartenverlust 122
Kasino 66
Kinder 103, 121
Kino 27
Kleinkunstbühnen 26
Kletterwald 121
Klubs 28
Kochbrunnen 63
Kochbrunnen-Springer 64
Kochbrunnen-Tempel 64
Köln-Düsseldorfer
    Deutsche Rheinschifffahrt 129
Konzertbühnen 26
Krankenhaus 121
Kranzplatz 63
Kranzplatzfest 35
Kriegerdenkmal 79
Kronprinz Alexander 77
Küche, Wiesbadener 20
Kuckucksuhr 61
Kultur 29
Kunstgalerien 31
Kunsthaus Wiesbaden 30
Kunst unter freiem Himmel 31
Kurhaus 66
Kurhaus-Kolonnade 68
Kurkarte 125
Kurpark 73
Kurstadt 40, 45
Kurtaxe 125
Kurviertel 66

## L

Landesbibliothek Wiesbaden 94
Landesmuseum Mainz 109
Landtag 52
Leben in Wiesbaden 43
Leichtweißhöhle 79
Lesben 124
Literaturhaus 78
Literaturtipps 120
Lokale 22
Luft- und Sonnenbad
    „Unter den Eichen" 122
Luisenplatz 92
Lutherkirche 92

## M

Maestro-Karte 122
Mainz 108
Mainz-Kastel 101
Marktbrunnen 50
Märkte 19

## Anhang
## Register

Marktkirche 58
Marktsäule 60
Mauritius-Mediathek
 (Stadtbibliothek) 122
Medien 120
Medizinische Versorgung 121
Meeting of Styles 36
Meistersinger 100
Menschen mit Behinderung 118
Mietwagen 118
Mode 17
Monopteros 82
Mundart 43
Murnau-Filmtheater 27, 85
Museen 30
Museum für Antike Schiffahrt 109
Museum Wiesbaden 86

### N
Nachtleben 25
Nassauer Hof 76
Nassauer
 Landesdom 58
Nassauischer Kunstverein 30, 75
Neroberg 81
Nerobergbahn 80
Nerotal 78
Neues Rathaus 52
Niemöller, Martin 59
Nordfriedhof 34
Notfälle 122
Notrufnummern 122

### O
Opelbad Neroberg 82
ÖPNV 128
Ostermarkt 34

### P
Pannennotruf 117
Parken 117
Polizei 122, 124
Post 123
Presley, Elvis 73, 75
Primus-Linie 129
Prinzenraub 77
Publikationen 120

### R
Radfahren 123
Raucher 26
Reisezeit 130
Reisinger- und
 Herbert-Anlagen 90
Restaurants 22
Rettbergsaue 127
Rettungsdienst 122
Rhein 38
Rheingauer Weinwoche 36
Rheingau Musik Festival 36
Rhein-Main-Gebiet 39
Rhein-Main-Hallen 90
Riesencodex 94
Romanowa,
 Elisabeth Michailowna 83
Römertor 61
Roter Waggon 89
Rue 75
Russischer Friedhof 85
Russisch-Orthodoxe Kirche 83

### S
Sankt Augustin 75
Schierstein 101
Schiersteiner Hafenfest 36
Schiffchen 60
Schifffahrt 129
Schlachthof 27
Schlangenbad 114
Schloss Freudenberg 103, 122
Schlossplatz 50
Schule für WahrnehmungsKunst –
 Die Wilde 13 104
Schwarzer Bock 65
Schwule 124
Shopping 16
Sicherheit 124
Silvester im Kurhaus 36
Ski-Express 129
Sonnenberg 106
Souvenirs 18
Spartipps 119
Sperrnotruf 122
Spezialitäten 20
Spielbank 66

Spielplätze 121
Staatsbad Schlangenbad 114
Staatstheater 70
Stadtbusse 50
Stadtfest 36
Stadtgeschichte 40
Stadt in Zahlen 39
Stadtschloss 52
Stadtspaziergang 14
Stadttouren 124
Stadtwappen 41
Sternschnuppenmarkt 35
St. Peter und Paul 113

## T

Taunusberge 38
Taunusstraße 78
Taunus Wunderland 122
Taxi 130
Termine 34
Theater 26
Theaterkolonnaden 69
Theodor-Heuss-Brücke 101
Thermalbad Aukammtal 48
Thermalfreibad Schlangenbad 114
Tickets 119
Tier- und Pflanzenpark
   Fasanerie 104, 122
Touristeninformation 119
Träumen 32

## U

Unterkunft 125
Unterkunftsempfehlungen 126
US-Militär 41, 75

## V

Veranstaltungen 34
Veranstaltungskalender 34
Verkehrsmittel 128
Villa Clementine 76
Villa Söhnlein-Pabst 74
Vororte 38
Vorwahl 5

## W, Z

Wagner, Richard 100
Wagners Meistersinger 100
Warmer Damm 74
Waterloo-Obelisk 93
Wein 19
Weinbaumuseum Hochheim 114
Weinberg 81, 113
Weinstuben 24
Weißes Haus 75
Westend 95
Wetter 130
Wiesbadener Besonderheiten 12
Wiesbadener Prinzenraub 77
Wiesbadens Norden 78
Wiesbadens Süden
   und Westen 85
Wiesbaden Tourist Card 119
Wilhelminisches Zeitalter 56
Wilhelmstraße 75
Wilhelmstraßenfest (Theatrium) 36
Wilhelm von Oranien 59
Winzer 20
Wochenmarkt 19
ZDF Mainz 112
Zweiter Weltkrieg 41

# Weiterer Titel für die Region von REISE KNOW-HOW

Foto: Günter Schenk

**CityTrip Mainz**
Günter Schenk
**978-3-8317-2266-2**
144 Seiten
**9,95 Euro [D]**

Mit begleitendem Service für Smartphones, Tablets & Co.:
→ GPS-Daten aller beschriebenen Örtlichkeiten
→ Stadtplan als GPS-PDF
→ Verlauf des Stadtspaziergangs

Viele reisepraktische Infos | Sorgfältige Beschreibung der interessantesten Sehenswürdigkeiten | Historische Hintergründe der Stadt Geschichte der Region | Detaillierte Stadtpläne | Empfehlenswerte Unterkünfte Restaurants aller Preisklassen | Erlebnisreicher Stadtrundgang Mit City-Faltplan zum Herausnehmen | 144 Seiten

# www.reise-know-how.de

# Weiterer Titel für die Region von REISE KNOW-HOW

Foto: Daniel Krasa

**CityTrip Frankfurt**
Daniel Krasa
**978-3-8317-2538-0**
144 Seiten

**11,95 Euro [D]**

Mit begleitendem Service für Smartphones, Tablets & Co.:
→ GPS-Daten aller beschriebenen Örtlichkeiten
→ Stadtplan als GPS-PDF
→ Verlauf des Stadtspaziergangs

Viele reisepraktische Infos | Sorgfältige Beschreibung der interessantesten Sehenswürdigkeiten | Historische Hintergründe der Stadt
Geschichte der Region | Detaillierte Stadtpläne | Empfehlenswerte Unterkünfte
Restaurants aller Preisklassen | Erlebnisreicher Stadtrundgang
Mit City-Faltplan zum Herausnehmen | 144 Seiten

**www.reise-know-how.de**

# Der Autor

Für den in Mainz geborenen und sich dort noch immer zu Hause fühlenden Journalisten **Günter Schenk** ist es ein Wagnis, ein Buch über die Stadt auf der anderen Seite des Rheins zu schreiben. Denn so wie Köln und Düsseldorf sind auch Mainz und Wiesbaden zwei Städte, die ihren Nachbarn gern auf die Schippe nehmen. Für diesen Reiseführer wagt er trotzdem einen erklärt unvoreingenommenen Blick auf Hessens Hauptstadt.

Schon als Kind und Jugendlicher war er mit seinen Eltern oft bei den Verwandten auf der anderen Rheinseite zu Gast. Und auch als Erwachsener führten ihn Besuche und Einkaufstrips immer wieder in Wiesbaden, wo er viele Freunde hat. Für diesen CityTrip-Band nahm er die Stadt gründlich unter die Lupe, schaute nach, wo man gut übernachten und essen kann – und welche Sehenswürdigkeiten einen Besuch wert sind.

Als freier Reisejournalist arbeitet Günter Schenk für renommierte Zeitungen und Magazine wie „GEO-Saison", „Augsburger Allgemeine", „Rhein-Main-Presse", „Rhein-Neckar-Zeitung", „Badische Zeitung", „Münchner Merkur", „Badische Neuste Nachrichten" und verschiedene Zeitschriften. Im REISE KNOW-HOW Verlag erschienen in derselben Reihe bereits seine CityTrip-Bände „Liverpool", „Antwerpen, Brügge, Gent", „Brüssel", „Rotterdam", „Vilnius und Kaunas", „Mainz" und „Heidelberg".

## Schreiben Sie uns

Dieser CityTrip-Band ist gespickt mit Adressen, Preisen, Tipps und Infos. Nur vor Ort kann überprüft werden, was noch stimmt, was sich verändert hat, ob Preise gestiegen oder gefallen sind, ob ein Hotel, ein Restaurant immer noch empfehlenswert ist oder nicht mehr usw. Unsere Autoren sind zwar stetig unterwegs und erstellen alle zwei Jahre eine komplette Aktualisierung, aber auf die Mithilfe von Reisenden können sie nicht verzichten.

Darum: Schreiben Sie uns, was sich geändert hat, was besser sein könnte, was gestrichen bzw. ergänzt werden soll. Wenn sich die Infos direkt auf das Buch beziehen, würde die Seitenangabe uns die Arbeit sehr erleichtern. Gut verwertbare Informationen belohnt der Verlag mit einem Sprachführer Ihrer Wahl aus der über 220 Bände umfassenden Reihe „Kauderwelsch".

**Bitte schreiben Sie an:**
REISE KNOW-HOW Verlag Peter Rump GmbH, Postfach 140666, D-33626 Bielefeld, oder per E-Mail an: info@reise-know-how.de

Danke!

## Aktuelle Informationen nach Redaktionsschluss

Unter **www.reise-know-how.de** werden aktuelle Ergänzungen und Änderungen der Autoren und Leser zum vorliegenden Buch bereitgestellt. Sie sind auch in der **Gratis-App** zum Buch abrufbar.

# Liste der Karteneinträge

1. [D3] Schlossplatz mit Marktbrunnen S. 50
2. [D3] Altes Rathaus S. 51
3. [D3] Neues Rathaus S. 52
4. [D3] Stadtschloss und Hessischer Landtag S. 52
5. [E3] Marktkirche (Nassauer Landesdom) S. 58
6. [E3] Dern'sches Gelände mit Marktsäule S. 60
7. [D2] Schiffchen S. 60
8. [D2] Heidenmauer mit Römertor S. 61
9. [D2] Kaiser-Friedrich-Therme S. 62
10. [D1] Kranzplatz und Kochbrunnen S. 63
11. [F2] Kurhaus mit Spielbank S. 66
12. [E2] Hessisches Staatstheater S. 70
13. [G2] Kurpark S. 73
14. [F3] Warmer Damm mit Villa Söhnlein-Pabst S. 74
15. [E3] Wilhelmstraße S. 75
16. [E4] Villa Clementine S. 76
17. [D1] Bergkirchenviertel und Nerotal S. 78
18. [dh] Nerobergbahn S. 80
19. [dg] Neroberg S. 81
20. [dg] Russisch-Orthodoxe Kirche S. 83
21. [E5] Museum Wiesbaden S. 86
22. [E6] Reisinger- und Herbert-Anlagen S. 90
23. [E7] Hauptbahnhof S. 91
24. [C7] Dichterviertel mit Lutherkirche S. 92
25. [D4] Luisenplatz mit Bonifatiuskirche S. 92
26. [C4] Landesbibliothek Wiesbaden S. 94
27. [B3] Westend S. 95
28. [dk] Biebrich S. 96
29. [dk] Biebricher Schloss S. 98
30. [ck] Schierstein S. 101
31. [Umgebung] Mainz-Kastel S. 101
32. [ai] Frauenstein S. 102
33. [bi] Schloss Freudenberg S. 103
34. [bg] Tier- und Pflanzenpark Fasanerie S. 104
35. [Umgebung] Jagdschloss Platte S. 105
36. [eg] Sonnenberg mit Burg S. 106
37. [Umgebung] Domäne Mechtildshausen S. 107
38. [Umgebung] Mainz S. 108
39. [Umgebung] ZDF Mainz S. 112
40. [Umgebung] Hochheim am Main S. 112
41. [Umgebung] Schlangenbad S. 114

1. [D7] Lilien-Carré S. 17
2. [C4] LuisenForum S. 17
3. [D3] Buchhandlung Angermann S. 17
4. [D2] Buchhandlung Dr. Vaternahm S. 17
5. [C4] Buchhandlung Hugendubel S. 17
6. [B5] Bonnie sucht Kleid S. 17
7. [E3] Corinna Knoll S. 17
8. [D2] Fashion House Hessler S. 18
9. [B4] Oxfam Shop Wiesbaden S. 18
10. [E2] Schuhatelier Ibrahim Demir S. 18
11. [E2] Ihr Uhrenspezialist, Meisterwerkstatt Roven Bottke S. 18
12. [D1] Lilli Schaefer S. 18
13. [D3] Schallplattenantiquariat Eisele S. 18
14. [ai] Engelwurz Himmelsküche S. 18
15. [E4] Fritz Kunder GmbH S. 18

## Anhang
### Liste der Karteneinträge

- 🛍16 [D2] L'Art Sucre S. 18
- 🛍17 [D1] StadtStück S. 18
- 🛍18 [D3] the princess revolution. Die Wiesbadener Marmeladen- und Senfmanufaktur S. 18
- 🛍19 [fh] Rainer Emmel S. 19
- 🛍21 [aj] Weingut Udo Ott S. 19
- 🛍22 [D3] Wochenmarkt auf dem Dern'schen Gelände S. 19
- 🛍23 [dk] Wochenmarkt Biebrich S. 19
- 🛍24 [fh] Wochenmarkt Bierstadt S. 19
- 26 [dg] Café & Restaurant „Leicht-weiss" S. 22
- 27 [E2] Chez Mamie S. 22
- 28 [D4] La Brasserie S. 22
- 29 [C2] Linner S. 22
- 30 [D6] Maloiseau S. 22
- 31 [D2] Martino S. 22
- 32 [dk] Mund's Restaurant S. 22
- 33 [eh] Ristorante La Rucola S. 22
- 34 [aj] Weinhaus Sinz S. 22
- 35 [D6] Le deux Dienstbach S. 23
- 36 [F2] Käfer'S S. 23
- 37 [dh] Zimt & Koriander S. 23
- 38 [D4] Bei Gabriel S. 23
- 39 [D2] Curry Manufaktur S. 23
- 40 [D4] Gastwerk Degenhardt S. 23
- 41 [D3] La Maison du Pain S. 23
- 42 [C3] Manik Veggie Café S. 23
- 43 [E3] Le petit Belge S. 23
- 47 [D3] Weinhaus Kögler S. 25
- 48 [D6] Café Frank Kubbe S. 25
- 49 [B5] Café Walz S. 25
- 50 [D1] Dale's Cake S. 25
- 51 [D3] Der Eimer S. 26
- 52 [D2] Litfassäule S. 26
- 53 [E3] Schwalbennest S. 26
- 54 [D5] Galli Theater S. 26
- 55 [D1] Kammerspiele S. 26
- 56 [D2] kuenstlerhaus43 S. 26
- 57 [E4] Kulturforum Wiesbaden S. 26
- 58 [E2] Pariser Hoftheater S. 26
- 59 [dh] thalhaus S. 26
- 60 [fh] Theater Marlionetta S. 26
- 61 [ej] Velvets Theater S. 27
- 62 [C3] Walhalla Theater S. 27

## Anhang
### Liste der Karteneinträge

- ●63 [ei] Kulturzentrum Schlachthof S. 27
- 🎬64 [E3] Caligari FilmBühne S. 27
- 🎬65 [ei] Murnau-Filmtheater – Deutsches Filmhaus S. 27
- ●66 [E4] Hessisches Ministerium für Wissenschaft und Kunst S. 28
- ◐67 [B3] Chopan S. 28
- ◐68 [D3] Lenz S. 28
- ◐69 [D1] Manoamano Bar S. 28
- ◐70 [D1] N7 S. 28
- ◐71 [D5] Sherry & Port S. 28
- ◐72 [D1] Spital S. 28
- ◐73 [A3] WestEnd S. 28
- ◐74 [D1] Alibi S. 28
- ◐75 [ck] Alte Schmelze S. 28
- ◐76 [D1] Gestüt Renz S. 28
- ◐77 [ei] Kreativfabrik S. 28
- ◐78 [D1] Kulturpalast S. 28
- ◐79 [C3] Mephistos Bullenstall S. 29
- ◐80 [C3] New Basement S. 29
- ◐81 [E3] Park Café S. 29
- ◐82 [D6] Tanzbrunnen S. 29
- 🏛83 [D2] Aktives Museum Spiegelgasse für Deutsch-Jüdische Geschichte in Wiesbaden S. 30
- 🏛84 [B4] frauen museum wiesbaden S. 30
- 🏛85 [C2] Kunsthaus Wiesbaden S. 30
- 🏛86 [E4] Nassauischer Kunstverein S. 30
- 🖼89 [C7] DAVISKLEMMGallery S. 31
- 🖼90 [C6] Gallery 21 S. 31
- 🖼91 [D1] Galerie Cerny + Partner S. 31
- 🖼92 [D1] Galerie Haasner S. 31
- 🖼93 [dh] Galerie Rother Winter S. 31
- 🖼94 [D1] Kunsthandel Rudolf W. Steinmann S. 31
- ●95 [fh] Apothekergarten S. 33
- ◐96 [D3] Café Maldaner S. 34
- ●97 [dg] Nordfriedhof S. 34
- 🅂98 [eh] Thermalbad Aukammtal S. 48
- 🛒99 [E2] Gebr. Stern GmbH S. 61
- 🍴100 [D3] Brauns Restaurant S. 62
- ★102 [dg] Leichtweißhöhle S. 79
- 🅂103 [dh] Opelbad Neroberg S. 82
- ★104 [ej] Henkell & Co Sektkellerei KG S. 97
- 🍴105 [ck] Arche Noah S. 101
- 🍴106 [S. 110] Weinhaus Wilhelmi S. 108
- 🏛107 [S. 110] Gutenberg-Museum S. 109
- 🏛108 [S. 110] Landesmuseum Mainz S. 109
- 🏛109 [S. 110] Museum für Antike Schiffahrt S. 109
- 🅿114 [F2] Kurhaus/Kasino S. 118
- 🅿115 [D4] Markt S. 118
- ⓘ116 [E3] Wiesbaden Tourist-Information S. 119
- ●117 [C4] Tickets für Rhein-Main S. 119
- @118 [dk] Bolat Erdogan S. 121
- @119 [di] Internet Cafe Kiosk S. 121
- ✚120 [bi] Dr.-Horst-Schmidt-Kliniken S. 121
- ✚121 [G5] St. Josefs Hospital Wiesbaden S. 121
- ✚122 [D3] Hirsch-Apotheke S. 121
- 🅂123 [ci] Henkell-Kunsteisbahn S. 121
- 🅂124 [dg] Kletterwald Neroberg S. 121
- 🅂125 [cg] Luft- und Sonnenbad „Unter den Eichen" S. 122
- ●126 [C3] Mauritius-Mediathek (Stadtbibliothek) S. 122
- ●128 [di] Fundbüro der Stadt Wiesbaden S. 122
- ✉129 [D7] Poststelle S. 123
- ●130 [D4] Städtischer Umweltladen S. 123

◁ *Nicht nur in Mainz-Kastel kommen Graffiti-Freunde auf ihre Kosten (s. S. 102), auch Wiesbadens City hat Kunstwerke zu bieten. Hier wacht Bender aus „Futurama" am Kranzplatz* ❿ *über eine Bank.*

# Anhang

## Liste der Karteneinträge

- ●131 [E7] der Radler S. 123
- ●132 [D2] movelo-FLYER-Store S. 123
- ●133 [A5] Café Klatsch S. 124
- ●134 [D2] Robin Hood S. 124
- ●135 [D2] Trend S. 124
- ➤136 [B4] 1. Polizeirevier Wiesbaden S. 124
- ⌂137 [C5] Alexander S. 126
- ⌂139 [D4] Crown Plaza Hotel S. 126
- ⌂140 [E6] Dorint Pallas S. 126
- ⌂141 [C2] Hotel Oranien S. 126
- ⌂142 [dh] Jugendherberge Wiesbaden S. 126
- ⌂143 [D7] Motel One S. 127
- ⌂144 [E2] Nassauer Hof S. 127
- ⌂145 [D2] Radisson Blu Schwarzer Bock S. 127
- ⌂146 [D2] Town Hotel S. 127
- △149 [cj] Reisemobilhafen Wiesbaden S. 127
- △150 [dk] Campingplatz Rettbergsaue Biebrich S. 127
- △151 [ck] Campingplatz Rettbergsaue Schierstein S. 127
- ●152 [C4] Mobilitätsshop des RMV S. 129
- ●153 [dk] Köln-Düsseldorfer Deutsche Rheinschifffahrt AG S. 130

Hier nicht aufgeführte Nummern liegen außerhalb der abgebildeten Karten. Ihre Lage kann aber wie bei allen Ortsmarken im Buch mithilfe unserer Kartenansichten unter Google Maps™ gefunden werden (s. S. 143).

### Zeichenerklärung

|  |  |
|---|---|
| ❿ | Hauptsehenswürdigkeit, fortlaufend nummeriert |
| [D1] | Verweis auf Planquadrat im Kartenmaterial |
| ✚ | Arzt, Apotheke, Krankenhaus |
| | Bar, Klub |
| | Bibliothek |
| | Biergarten, Kneipe |
| | Café |
| △ | Campingplatz |
| | Denkmal |
| † | Friedhof |
| | Galerie |
| | Geschäft, Kaufhaus, Markt |
| ⌂ | Hotel, Unterkunft |
| | Imbiss |
| | Informationsstelle |
| @ | Internetcafé |
| | Jugendherberge |
| ⇨ | Kirche |
| | Kino |
| | Museum |
| | Musikszene, Disco |
| P | Parkplatz/-haus |
| ➤ | Polizei |
| ✉ | Postamt |
| | Restaurant |
| ★ | Sehenswürdigkeit |
| ● | Sonstiges |
| S | Sporteinrichtung, Thermalbad |
| ✡ | Synagoge |
| | Theater |
| | Turm |
| | vegetarisches Restaurant |
| Ⓢ | S-Bahnhof |
| | Shoppingareal |
| | Gastro- und Nightlife-Areal |
| — | Stadtspaziergang Wiesbaden (s. S. 14) |
| — | Rundgang Mainz (s. S. 108) |

Die **Benutzung der Symbole** in Karte und Text wird auf S. 5 erklärt.